내가 쓰는 문장이
당신에게 힘이 된다면
그것만으로도 만족하며 살아갑니다.

당신에게 필요한 단어가
이 책에 들어 있기를 바랍니다.

그리고 이 책에
당신의 아픔도 묻어주세요.

다들 잘지내셨나요?

지난 날들 동안 힘든일이 있었다면

이곳에 다 묻어두기를 바라요.

얼마나 조금이나마

그대들에게 위로가 되고 싶었고,

꽤 많은 시간 많은 분들께

위로 받았습니다.

이 자리를 빌어 다시 한번

정말 고맙습니다.

우리 또 만날 날이 있길 바라요.

Lelzi ~ AM

당신의 새벽세시

2017.

그 시간 속 너와 나

그 시간 속 너와 나

초판 1쇄 인쇄 2017년 6월 28일
초판 1쇄 발행 2017년 7월 5일

지은이 동그라미 · 새벽 세시

발행인 장상진
발행처 (주)경향비피
등록번호 제2012-000228호
등록일자 2012년 7월 2일

주소 서울시 영등포구 양평동 2가 37-1번지 동아프라임밸리 507-508호
전화 1644-5613 | **팩스** 02) 304-5613

ISBN 978-89-6952-186-6 03810

· 값은 표지에 있습니다.
· 파본은 구입하신 서점에서 바꿔드립니다.

그 시간 속 너와 나

동그라미 · 새벽 세시 지음

경향BP

#1

p.s
I love u

헤어지지 못하는 여자。

사랑한다는 말이 어째서 이런 의미로 사용되어야 하는 것인지 모르겠다. "사랑해." 하고 말하면 매번 가슴 떨리고 행복할 줄로만 알았는데. 내게 사랑을 말하는 너의 모습이 어쩐지 조금도 들떠보이지 않는다. 그 말을 듣는 내 마음은 그보다 더 무너지고 있는 것도 같다. 나와 함께하는 일이 네게 벅찬 일이 될 줄은 생각도 하지 못했다. 함께 있는 것만이 최선이라고 생각했던 서로였기에. 잠시 얼굴을 보는 것만으로도 하루를 전부 채울 수 있었던 우리였기에. 시간이 지날수록 다투는 날은 많아졌고, 이제 나를 바라보는 네 눈빛에는 한숨만이 지나가고 있는 것 같다. 이런 너를 쉽게 놓을 수 없음이 한탄스럽다. 네 행복을 빈다면서 너를 보낼 수 없는 내 자신이 원망스럽다. 이 마음이 뭐라고. 대체 사랑이 뭐라고. 서로를 무너뜨리면서까지 지키고만 싶은 걸까.

떠나가지 못하는 남자。

정이 뭐라고 우리가 이렇게까지 힘들어하면서 서로를 붙잡고 있어야 하는지 모르겠다. 네가 나를 놓을 수 없는 것처럼 나도 너를 놓을 수가 없어. 우리 둘 중 누구 하나가 악역이 되어야만 끝이 난다면 난 그럴 수가 없을 거 같다. 네게 나쁜 추억으로 기억되기 싫어서. 네게 그런 모진 행동들을 해야 하는 게 너무 싫거든. 그렇다고 내가 더 잘하겠다며 하늘에 별을 수놓듯 멋진 문장들로 네게 설탕 발린 거짓말을 하고 싶지는 않아. 내 행복을 빈다면 내 행복이 누구였는지 생각해주라. '나 너랑 다시 예전처럼 행복할 수 있겠지.'라는 망상은 하지 않을게. 그래도 지켜야겠어. 이 정도 사랑이라면 내 사랑이 아직은 여기에 있는 거 같거든, 그러니까 나도 여기에 있어야겠어.

다른 마음 찾기.

네가 무언가 숨기고 있다는 걸 알고 있어. 무작정 의심할 수 없으니 말을 하지 않고 있을 뿐이야. 사실 여자의 촉이 무섭다는 말이 다 거짓말이었으면 좋겠다는 생각도 여러 번 했어. 그만큼 믿고 싶었거든. 너를 믿지 못한다는 말은 결국 내가 불안해질 거라는 말이잖아. 내가 불안해지기 시작하면 이 연애가 행복할 수 있을까?

네게 괜한 말을 하고 싶지는 않아. 뭘 그렇게 마음에 담아두고 있는 거냐고. 그 깊숙이 감추어둔 것들, 그거 늦게라도 내게 말해줄 수는 없는 거냐고. 조심스레 말이라도 꺼내보고 싶은데 넌 매일 아니라는 말만 내뱉으니까.

네 마음이 떠나 다른 곳에 자리 잡은 거라면 내게도 준비할 시간이 필요해. 차라리 티라도 내. 날 더 이상 사랑하지 않는구나, 하고 내가 인식할 수 있도록. 그렇게 네게서 반쯤 뒤돌아 있을 수 있도록.

어쩌면 내가
전부 모른 척하고 있는지도 모르겠지만.

같은 마음。

뻔한 변명이 될 수도 있겠지만 숨기려 한 적 없어. 네가 이렇게 불안해하는 모습이 눈에 보이는데, 아무리 네가 숨기려 해도 보이는데.

별것 아니라도 그 별것도 아닌 일조차 네게 말하기 벅차 어떻게 말을 꺼내야 할지 알 수 없어서 항상 난 아무것도 아니란 말밖에 할 수 없었어.

변명이라고 하면 변명이고
내 마음이 떠났다고 생각하면 그런 거야.

결국 너는 내가 무엇인가를 숨기려 했다고 생각하게 되고 나는 숨기려 하지 않았지만 숨긴 게 되어버리는 거겠지.

내게 아무것도 아닌 행동이
네게는 상처가 될 것 같아서

난 아무것도 할 수 없어.

입장
정리。

너에게 머물던 마음을 접으려면 네게 바라는 것이라도 조금 줄어들어야 하는데 나는 여전히 네게 바라는 것이 너무나도 많다.

기대가 크면 딱 그 기대만큼 더 아파지는 법이라고 했는데. 그걸 알고 있으면서도 쉽게 마음이 놓아지지를 않는 것이다.

네 주변에서 맴돌고 싶지는 않았다. 나는 너의 중심이 되고 싶었다. 바람처럼 그저 스치고 지나가는 존재가 되고 싶지는 않았다.

굳이 바람일 것이라면
태풍 같이 큰 것이라도 되고 싶었다.

매일 같이 흔들리는 나만큼이나 너 역시 나 때문에 흔들리기를 바랐다. 너는 "내게 그 무엇도 바라지 말라."는 말로 내 마음을 일축시킨다. 차라리 사랑하지 말라고 하지. 내게 무엇도 해주고 싶지가 않다고 하지. 아니, 그냥 사랑하지 않는다고 하지.

그런 표정으로 애써 네 마음이
내 마음과 같은 것이라 착각하지 말고.

태풍의 눈。

내가 하는 사랑이 평범한 사랑이라 생각했다.

그래서 평범하게 사랑하는 것이 평생을 사랑하는 방법이라 믿었다.

내 사랑의 방식이 너와 달라도 언젠가 너도 내 사랑의 방식을 이해할 날이 올 것으로 생각했다. 내 사랑이 틀리지 않았음을 알아줬으면 했다.

너는 수도 없이 나에게 사랑을 확인하려 했다.

사랑하는 사람에게 듣지 말아야 했던 말을 듣기 전까진 분명 사랑했다. 네 입에서 "나 정말 사랑하냐."는 질문이 나오기 전까지는 분명 사랑이었다.

지나가는 바람도, 지나가는 태풍도 아니었다.
바람이라고 하기에는 너무 컸고
태풍이라고 하기에는 너무 작았다.

너는 그냥 지나가는 태풍의 눈이었다.

사랑한다는 말의 대답은 언제나。

나를 사랑하냐고 묻는 게 그렇게 잘못됐어? 넌 항상 내가 물으면 사랑한다는 대답 대신 왜 너를 못 믿냐고 묻잖아. 난 그냥 듣고 싶었던 거야. 작은 불안이라도 마음속에 남기면 언젠가 그 심지에 불이 붙어버리니까. 그러기 전에 네 대답 하나로 모든 걸 다 잊고 싶었던 거야. 거짓말이라도 해줄 수 없었어? 그래, 빈말이라도. 처음에는 잘 했잖아. 그렇게 시도 때도 없이 사랑한다, 사랑한다 하면서. 그렇게 넘쳐났던 마음이 지금은 어디에 숨었니. 내가 못난 거니. 네가 잔인한 거니. 널 탓하지 못하는 나는 결국 내가 못났다 하고 결론지어버리겠지만. 오늘따라 많이 밉다, 너.

사랑해。

너는 항상 내게 사랑을 확인하려 하더라. 그럴 때마다 나를 믿지 못해 묻는 이야기일까 하는 생각밖에 안 들어. 변명이라면 변명이겠지만 그래도 할게, 변명. 나는 네가 그 질문을 하는 게 너무 미웠어. 네게 주고 있는 사랑이 전달되지 않는 것 같아서 말이야. 하지만 사랑받고 있음을 느끼게 해주지 못한 내 잘못이겠지. 미안해. 미안하다는 말밖에 못하겠어. 내가 네게 하는 말이 사랑한다는 말이 아니라 미안하다는 말이 되어버린 것도 미안해. 네 입에서 나를 사랑하냐는 질문이 나오게 해서 미안해. 그런 질문을 하는 네가 더 많이 아팠을 텐데, 나는 그런 네 마음을 생각하지도 못하고 내가 하고 싶은 말만 했어. 내게 사랑을 묻기 전에 사랑받고 있음을 느낄 수 있게 내가 더 잘할게.

나를 외롭게 하는 너에게.

있잖아. 이런 얘기 꺼내기까지 내가 얼마나 수없는 고민을 했는지 너 잘 모를 거야. 괜히 신경 쓰게 만드는 것 같고 내 속이 좁은 것 같고. 근데 이해해야지 하고 수백 번 다짐해도 잘 안 되는 것 같네. 너한테 난 몇 번째야? 바쁘다는 거 알아. 그 시간 속에 나를 신경 써주는 것 자체가 네게 힘든 일이라는 것도 알아. 그래서 나도 다 참았어. 아무 말도 하지 않고. 나도 사람인데 왜 외롭지 않았겠니. 남들 다 하는 데이트 나라고 왜 하고 싶지 않았겠니. 다음번엔 평범한 사람을 만나고 싶다. 이번엔 이렇게나 바쁜 사람을 만났으니까. 이젠 진짜 평범한 연애를 하자, 이제 이 관계는 접자 하다가도 내가 널 사랑한다는 이유 하나로 몇 번을 붙잡혔는지 너는 잘 모를 거야. 그래도 이 문제로 네가 화를 내면 난 너한테 말하겠지. 내가 미안해. 우린 그렇게 하루를 또 이어갈 거야. 이게 맞는 거라고 생각해?

늘
내 사랑이 부족한
너에게。

우리 많이 지친 거 같다. 내가 이기적으로 말하는 건지 모르겠는데, 너도 나도 예전 같지가 않다는 거 너도 알고 있을 거야. 처음엔 네가 많이 이해해주고 있구나 싶었는데 그 이해가 이제는 내게는 당연한 게 되어버린 거 같아서 미안해. 네게 너무 많은 이해를 바랐던 내 잘못이야. 내 시간 속에서 너를 외롭게 하지 않았다고 생각했다는 말은 구차한 변명이 되겠지만 그래도 그런 핑곗거리라도 내게 댈 수 있으니 다행이야. 정말 너를 외롭게 만들고 싶지는 않았거든. 그래서 난 나름대로 노력을 했어. 우리가 이렇게 하루를 또 이어가지 못한다면 네가 바라는 대로 이제는 평범한 연애를 하길 바랄게.

할 말은 많지만。

연락을 해야 할지 말아야 할지 꽤 오랜 시간을 고민했어. 내가 네게 그다지 좋은 사람이 아니었다는 건 알아. 사랑의 방식이 달랐다고 해서 모든 것을 이해받을 수는 없겠지. 한때 네게 그렇게나 이해받고 싶어 애쓰던 시절이 있었는데. 이제는 너와 말 한마디 섞는 것이 더 간절해진 것 같네. 잘 지내고 있다는 거 알아. 그래서 잘 지내냐는 말을 보낼 수가 없었고. 나를 보고 싶어 하지 않는다는 걸 알아서 보고 싶다고 말할 수도 없었어. 그래서 결국 난 이렇게 보내. 나는 잘 못 지내. 나는 네가 보고 싶어. 내가 이렇다는 걸 알아줘. 네가 그렇지 않더라도 내가 이런 마음이라는 거. 그거 네가 한 번만 알아줘.

여기까지。

네 마음이 어떻든 더는 네게 전할 말은 없을 거 같아. 네 마음과는 달리 나는 네게 연락할 이유가 없다는 말이야. 잘 지내느냐고도 묻지 않았으면 좋겠어. 이 연락이 네게 하는 마지막 연락이 될 거야. 왜 이제야 연락했냐며 나도 너와 같은 마음이라고 말하지는 못할 거 같아. 우리가 이렇게밖에 될 수 없었던 이유는 누구보다 네가 더 잘 알 거잖아. 그러니 더는 말하게 하지 마. 그래도 한때는 우리라고, 사랑이라고 말할 수 있었던 예쁜 추억이었던 사람인데 모질게 대하는 것도 더는 힘들어. 그러니 이제 그만 우리를 추억 속에 묻어주길 바랄게. 누가 그러더라고. 추억은 추억일 때 가장 아름다운 법이라고.

그대네요。

우연이라고 했다. 그렇게나 보고 싶던 얼굴을 이제야 겨우 한 번 마주쳤는데. 인사조차 하지 못하고 너를 애써 모른 척 하는 내게 너는 "이런 데서 우연히 다 만나네."라고 웃으며 인사를 건넸다. 아까는 나도 널 따라 아무렇지 않은 척 "그러게." 하고 넘어갔지만 내가 그 우연한 순간 하나를 잡고 싶어서 얼마나 오랜 시간 그곳에서 너를 기다렸는지 너는 모를 것이다. 너와 관련된 그 어떤 순간도 내게 그런 가벼운 것으로 치부될 만한 시간은 없었다. 네게는 별것 아니겠지만. 너는 끝내 모르겠지만.

정말 그대네요。

우연에 불과할 수밖에 없다. 우연이 반복되면 운명이라고 그러더라. 그런데 난 우연이 반복돼서 운명이 되는 게 아니라 우연을 운명으로 선택해서 운명이 된다고 생각해. 우연은 우연일 뿐이고 우연을 운명으로 발전시키는 건 서로의 몫인 거지. 그래서 나는 끝까지 모르고 지내려 해. 잘 지냈으면 좋겠다는 인사는 하지 않을게. 분명 넌 못 지낼 테니까. 분명 넌 또다시 운명을 믿으려 할 테니까.

P
Q
R
O

SONY

잘
지내줘.

네 안부를 묻고 싶었지만 차마 물을 수가 없겠더라. 차라리 요즘 어떻게 지내냐는 말을 건네기에는 너무 많은 시간이 흘렀다고 하고 싶어. 사실은 그동안 시간이 길었건 짧았건 네게 안부를 묻는 일은 할 수가 없는 거니까. 네게 잘 지내냐는 말 한마디를 묻기에 우리 사이의 시간은 무의미한 거니까. 우연히 네가 웃고 있는 모습을 봤는데 이제야 알겠더라. 나는 네가 그렇게 웃는 모습이 좋아 너를 사랑하게 됐는데 나를 만나기 시작하면서 웃는 모습이 사라져가고 있었다는 거. 내가 가장 사랑한 네 모습을 없애버린 것도 나였다는 거. 그래서 네게 시간을 핑계 삼아서라도 안부를 물을 수가 없어. 잘 지내줘.

잘 지내볼게.

네가 안부를 물어줬으면 좋겠다고 생각했어. 너 때문에 웃음을 잃었어도 네 곁에 남겠다고 선택한 건 결국 나였거든. 끝내 내가 너를 떠나왔다고 해서 그 시절을 부정하고 싶지는 않아. 나, 너 사랑했어. 정말. 그땐 정말 이 세상에 너 하나밖에 남지 않는다고 해도 아무런 문제가 되지 않을 것 같았거든. 그래도 있지, 나 지금은 잘 지내. 많이 웃고 사람들이 예쁘다는 말도 많이 해줘. 늘 예쁨받고 싶어 하던 나였는데. 그래, 너 그때 나한테 너무했다는 거 이젠 알겠지? 이제 와 말한다고 뭐가 달라지겠냐만은. 그래도 고마워. 보고 싶어해줘서. 우리 관계가 예전으로 돌아갈 수는 없겠지만 네가 이제라도 내 생각을 해주어 조금은 기쁘네. 나 좀 바보 같니? 잘 지내, 너도. 나도 비로소 잘 지내볼게.

고마워.

그때는 네가 참 미웠는데 이제는 오히려 고맙다는 말을 해야겠어. 매번 매달리고 붙잡으려 했던 내게 아무 대답도 주지 않았던 너라서 너무 매정하다고 생각도 했고, 무슨 대답이라도 해달라고 애원했을 때 이제 그만 연락하라는 모진 말밖에 하지 않았던 네가 원망스럽기까지 했거든. 그런데 시간이 좀 지나고 나니까 네 행동 덕분에 조금 더 빨리 무뎌질 수 있었던 거 같아. 그때는 너무 아파서 차라리 세상이 무너졌으면 했거든. 그래야 나만 무너져버린 게 아니라고 체념이라도 할 수 있을 거 같았어. 그런데 지금은 네게 감사의 인사를 전하고 싶어. 나에게 더 이상의 희망을 보여주지 않았던 네게 고맙다는 말을 전하고 싶어. 고마워.

나
역시。

내가 그랬잖아. 희망 고문 같은 건 하는 게 아니라고. 너를 사랑하지 않았던 게 아냐. 그건 너도 충분히 알 거야. 하지만 매번 반복되는 그 끈을 끊어내는 일을 너와 나 두 사람 중에 한 사람은 꼭 해야만 했어. 내가 그 상황에서 악역을 맡았던 걸 지금도 후회하지 않아. 여전히 너를 좋아해. 진행형이 아니라 과거형으로 하는 말이야. 나는 그 시절 내가 좋아했던 네가 좋고, 지금은 네가 아닌 내 추억을 좋아해. 네가 이제라도 내 마음을 알아주어 고맙다. 나도 고마워. 많이. 잘 지내고. 우리 인연이라면 나중이라도 꼭 한 번 마주치자. 반갑게 인사하지는 못하더라도 슬며시 웃어는 보일게. 그렇게 날 스쳐가. 내 추억아.

우리 이대로 정말。

미안하다는 말이 최선이 아니기를 바라고 있었는데, 넌 항상 미안하다는 말밖에 못하더라. 그게 네 최선이라면 우리는 이렇게 늘 서로에게 미안해해야 한다는 거네. 네가 선택한 최선이라는 게 사랑하는 사람에게 미안하다는 말만 하는 거라면 이번엔 내가 먼저 미안하다 말할게. 미안해, 이것밖에 안 되는 사람이라서. 네 마음을 몰라주는 게 아니라, 무슨 일이 있든 먼저 미안하다 사과하려는 네 마음을 아니까 더 아프네.

괜찮을까.

나도 그러지 않으려고 노력했어. 내 노력의 결과가 이것밖에 되지 않았다는 건 정말 미안하게 생각해. 그래도 생각해 봐. 나라고 이러고 싶었겠어. 늘 네가 나의 운명이다, 낭만이다 말했던 내가 사실은 그게 내 착각이었어, 하고 말하고 싶었겠냐고. 미안하다는 말로 네 마음을 전부 안아줄 수 없다는 건 알아. 그런데 달리 할 말이 없네. 그렇다고 아무런 말도 하지 않고 있을 수는 없잖아. 그건 또 그 나름대로 마음 아파할 너인 걸 아니까. 그래서 미안한 거야. 난 아무것도 모르니까. 이 복잡한 감정에 대해서도 설명할 자신이 없으니까. 내가 어쩌면 좋을까, 우린 어쩌면 좋을까.

UNISON

너는 사랑을 물었고。

나 사실 정말 네게 묻고 싶었거든. 나를 사랑하긴 하는 거냐고. 그런데 내가 이 말을 내뱉는 순간 우리 사이는 거기서 끝나버릴 것만 같았어. 하지만 이제는 들어야겠어. 네게 사랑을 확인받고 싶어서가 아니라 네게 나는 어떤 존재인지가 알고 싶어서.

나는 답하지 못했다.

네가 이런 말을 뱉을 때까지 너를 그냥 두고 본 내 잘못이 크겠지만, 막상 듣고 보니 그렇게 기분이 좋지는 않네. 마음을 의심받아 좋을 사람은 없을 테니까. 나는 항상 이런 사람이었어. 나는 네가 그것에 익숙해져서, 내가 하는 행동 하나하나에 더 이상 감사함을 느끼지 못해서 이런 상황이 생겼다고 생각해. 왜 조금 더 보여주지 못했냐며 내 사랑이 식었다고 말한다고 해도 할 말은 없어. 난 여전히 너를 위해 하는 사소한 행동 하나하나 그대로 지키고 있으니까. 잘 생각해봐. 수없는 시간 네 옆에 머무르는 나를 당연하게 생각하지는 않았는지. 내가 너를 위해 포기하는 것들에 대해 조금은 미안해했어야 하는 게 아닌지. 여전히 널 사랑해. 아무것도 느낄 수 없다면 조금 더 노력할게. 그렇지만 너도 노력해줄 수 있니. 이대로는 나도 힘들 것 같은데.

추억과。

잊힐 수 없는 사람이라면 차라리 내 추억 속에서만 살아. 정말 모진 사람이었던 당신인데, 왜 당신 때문에 아팠던 기억은 하나도 생각나지 않고 우리 사랑했던 순간들만 기억에 남아 있는 걸까. 네 목소리, 숨결, 행동 하나하나가 이제야 느껴지더라. 지금이라도 느껴져서 다행이야. 나도 누군가를 이렇게 많이 사랑할 수 있다는 걸 알게 됐으니까. 우리 정말 많이 사랑하긴 했나봐. 그러니까 우리 이제 서로의 추억 속에만 살아 있자. 너에게도, 나에게도 추억 속에서만큼은 평생 아름답기를 바랄게.

망각
사이。

있지, 말 그대로 추억은 추억일 뿐인가봐. 우리가 그 과거 속에서 살아간다고 달라지는 게 있을까. 한 번에 잊히지 않는 존재라도 언젠가 무뎌질 텐데. 나 역시 세상에 망각할 수 없는 것이 존재한다고 생각해. 그게 내 인생에서는 한 부분쯤 너일 수 있다는 것도 부정하지 않을게. 그래도 난 노력해보려고 해. 네가 아닌 다른 사람이 나의 많은 부분을 채울 수 있도록. 이대로 너의 공간 안에서 살고 싶지는 않거든. 눈을 떠도 온통 너인 세상 속에서 더는 숨 쉬고 싶지 않거든. 아름다운 시절은 그대로 두고, 나는 떠날게. 미안해. 난 말야, 빛나지 않더라도 과거가 아닌 현재에 살고 싶어.

완벽한 악역은。

우리도 결국 이렇게 됐네. 꼭 누군가가 악역이 되어야 하고 누군가는 상처받는 처지가 되어야 하는 끝을 원한 적도 없고, 원하지도 않았는데. 누구를 만나든 늘 끝은 이런 식이네. 있지, 우리가 헤어졌다는 사실보다 우리가 이렇게 헤어져야 한다는 사실이 더 아파. 언제가 될지 모르는 끝을 가끔은 생각해봤던 적이 있어. 근데 그 끝에 이런 결과는 없었거든. 꼭 누군가는 악역이 되어야 하고 누군가는 상처를 받아야 끝이 나는 서로 아픈 이별은 없었거든. 우리는 그러지 않을 거라 생각했던 내 믿음이 잘못된 거라면 서로가 아픈 이별을 해야 하는 이유는 내 탓이겠지. 어쨌든 중요한 건 우리는 돌아갈 수 없을 거라는 거. 그리고 우리는 더는 우리가 아니라는 거니까. 잘 지내줘.

존재하지 않는다。

그 악역을 내가 맡을 수밖에 없었다는 걸 이해시키고 싶은 생각은 없어. 그래도 생각해봐. 모든 이별은 아픈 게 당연한 거잖아. 만약 이별이 달콤하다면 그건 오히려 너를 더 망가뜨릴 거야. "사랑해, 잘 자." 하고 우리가 다음 날부터 남이 된다고 생각해봐. 끝이 맺어지지 않은 결말은 결말일 수 없다는 거 이제 알겠지. 끝까지 나는 너를 사랑했다, 그러니 행복해달라 이런 말은 하지 않으려고 해. 내 마음이 진심이었다는 건 굳이 내가 말하지 않더라도 느낄 수 있을 거라 믿으니까. 네 탓은 하지 마. 한쪽만 문제가 되는 이별은 없어. 나 역시 모든 잘못이 내게 있다고 생각하고 있어. 그렇지만 그게 이제 와 무슨 소용이겠니. 잘 지내. 힘들어하지 말고. 차라리 날 미워해.

미안하다는 말로는。

내가 살아가는 이유가 당신이라고 해도 과언은 아니었을 거야. 그만큼 내게는 당신이 큰 존재였거든. 그래서 지금 내 선택이 옳은 선택이라고 말할 수는 없어. 너보다 아마 내가 더 힘들 테니까. 내가 더 아플 테니까. 내가 살아가는 이유를 나 스스로 끊어버리는 거니까. 내 존재 이유가 사라져버리는 선택을 한 거니까 옳은 선택이 아닐 거야. 그렇지만 우리 이제는 헤어져야겠다. 네가 헤어지자 할 때마다 붙잡았던 나였지만, 너를 붙잡고 있는 동안의 우리가 사랑이 아니라는 것쯤은 알아. 너를 사랑했던 시간이 내 삶의 이유였다면 너를 붙잡고 있는 시간은 내 죽음의 이유가 되어버릴 거 같거든. 그러니 이제는 놓아줄게. 내 아픈 사랑아.

해결되지 않을。

어떤 말부터 꺼내야 할지 잘 모르겠다. 지금은 어떤 문장들을 늘어놓아도 네게 상처가 될 거라는 것을 아니까. 우리 참 타이밍이 맞지 않는 것 같다. 매번 내가 먼저 헤어지자는 말을 꺼내어 놓을 때 나 역시 그 말이 너와의 끝을 바라고 하는 말은 아니었어. 네게 확인받고 싶은 마음에 허튼 짓을 한 내 잘못이라는 걸 알아. 그래서 이런 결말이 우리 앞에 다가왔다는 것도. 사랑하지만 헤어져야 하는 경우도 있다는 거 지금까진 믿지 않았는데. 아무래도 우린 그래야 할 운명인가 보다. 끝까지 마음으로나마 나를 위해주어서 고마워. 너를 만나고 사랑이 아니었던 날은 단 하루도 없었어. 변명 같겠지만 이 마음만 알아줘.

어쩌면 우리에겐。

어디서부터 잘못된 건지, 어디서부터 말을 꺼내야 할지 하나도 모르겠어. 너랑 헤어진 지 벌써 며칠이 지났는데 늘 잘 지내왔던 우리라서, 남들 다 겪던 권태기조차 없었던 우리라 너무 갑작스럽게 찾아온 이별이 아직도 믿기지 않고, 믿고 싶지도 않아. 몇 번을 붙잡아도 흔들리기는커녕 더 모진 말만 하더라. 그래도 난 네가 갑자기 변할 사람이 아니라고, 갑자기 변할 마음이 아니라고 믿을게. 난 이제 마지막으로 네게 하고 싶은 모든 말을 다 하려 해. 나는 아직 너를 사랑해. 언제까지나, 항상 사랑할 거야. 우리 이제는 헤어지지만 너와 함께했던 모든 일상이 행복했고, 고마웠어. 그리고 어느 순간 네가 후회하고 다시 내게 돌아온다고 해도 그날의 너를 사랑할게. 잘 다녀와.

권태기가 필요했을지도。

너도 알지. 나 빈말 같은 건 잘 못하는 거. 그래도 괜찮다고, 잘 지내니까 아무 걱정 말고 너도 잘 지내라고 말하고 싶은데. 우습게도 조금도 괜찮지가 않아서 그런 말은 못하겠다. 남들 다 겪던 권태기 같은 거 하나 없이 지나간 거. 그게 우리 잘못이었는지도 몰라. 사랑으로 극복할 수 있는 일이 있다면 그렇지 못한 것들도 있나봐. 있지, 나 한 순간에 변했던 게 아니야. 정말 조금도 눈치 채지 못했다면 그건 네가 그만큼 내게 관심이 없었기 때문이 아닐까 싶다. 사랑했던 사람아, 원래 가득 채워져 있던 자리가 한 순간에 비어버리는 건 괜찮아지기 어려운 일이래. 내가 네 곁에 있을 때 이렇게 말해주지 그랬니. 그럼 평생이고 네 곁에 머물렀을 텐데. 그날의 추억을 사랑하는 너를 두고 나는 돌아설게. 미안해.

미안해.

너 저번에 별 게 다 서운하냐고 물어봤잖아. 별 게 다 서운한 게 아니라 그 별것도 아닌 것 때문에 네게 서운한 감정을 느껴야 한다는 게 너무 싫었어. 예전에는 이런 거로 서운해하는 내가 미웠는데, 이제는 또 같은 이유로, 별것도 아닌 일로 서운하게 만드는 네가 너무 미워.

널
미워해。

미워해도 괜찮아. 미워할 만한 일이라면 네가 그렇게 말하는 게 맞겠지. 그런데 말야. 나도 네게 서운한 게 많았어. 우리가 어느 순간 바뀌었다는 건 너도 알 거야. 내 행동에 익숙해진 네가 아무렇지 않게 하는 모든 것에 나 역시 상처 받았어. 이런 상황 역시 우리에겐 사랑이겠거니 하고 애써 넘겼던 것뿐이야. 넌 항상 네 감정이 더 중요하고 네 입장이 더 중요해. 당연하다는 거 알아. 하지만 나 말야. 이기적으로 생각하다가도 네 입장 한 번 더 헤아리려고 노력했다는 것만 알아줘. 서운하게 해서 미안해. 우리 조금만 더 맞춰 나가자.

잘 지내지 마요.

잘 지내라는 말을 그렇게 쉽게 하는 사람이라는 거 애초부터 알았더라면 너를 알고 지낸 모든 시간 동안 못 지낼 걸 그랬어. 네 입에서 잘 지내라는 말 듣고 싶어서 함께했던 시간이 아닌데, 너는 어떻게 잘 지내라는 말 한마디로 모든 관계를 정리하려 해? 네가 잘 지내라고 한다고 해서 잘 지내질 거 같았다면 정말 넌 나를 사랑하지 않았던 거야. 차라리 잘 지내라는 말 대신 잘못했다며 뻔한 변명이라도 늘어놓았어야지. 나 못 지낼 거야. 너 때문에 못 지낼 거야. 그러니 너도 못 지냈으면 좋겠어.

이제 날 잊어요。

나도 잘 지내라는 말이 쉬웠던 건 아니야. 그래도 어쩌겠니. 그게 내가 할 수 있는 말의 전부였는데. 이제 와서 어긋나 버린 우리를 다시 맞추어보자고 애쓰자니 네 마음이 이미 돌아선 것 같고, 예전처럼 한 발짝 더 다가서자니 나도 너무 지쳐버렸는 걸. 나도 잘 지낼 수 없을 거야. 나라고 이별이 편하겠니. 정리해야 할 타이밍이 있다면 그게 지금이구나 하고 느꼈던 것뿐이야. 너도 언젠가 이 선택이 맞다고 생각할 때가 올거라고 믿어. 나쁜 기억으로 남고 싶지 않아. 이쯤에서, 서로를 미워하지만은 않는 이 정도에서, 우리 그만 하자.

#2

당신이란 은하수에 빠져
허우적대던 날들의 기록,
새벽 세시

초승달。

언제 당신한테 이해를 바라던가요. 그냥 이대로 살 수 있게 가만히 지켜만 봐달라고 했지. 세상이 그렇게 내 마음대로 되는 거였으면 난 아마 진작 이곳에 없었을 거예요. 당신 마음에 손톱 한쪽도 들이지 못하고 맴돌기만 하는 마음을 대체 어떻게 이해한다고 그러세요. 그냥 그런 척하는 거지. 있죠, 하나 부탁할 게 있는데. 별 건 아니고 그냥, 하늘에 초승달이 뜨면 말이에요. 그 손톱만 한 작고 날카로운 달이 뜨면. 그때는 그래도 내 생각 한 번 해줄래요. 그 둥그렇고 커다란 마음 다 숨기고 "나는 이만큼만, 딱 이만큼만 당신을 사랑해요." 하는 바보 같은 사람이 하나 있었다고. 그래도 가끔은 빛나 보여서 눈 비비고 다시 한 번 쳐다봤었다고 말이에요. 당신 마음에 있는 듯 없는 듯 그렇게라도 숨어 있고 싶었던 나를 조금이나마 안쓰러워한다면요. 다른 것 말고 꼭 그래 주면 좋겠어요. 내 부탁이 많이 어려운가요?

Adios。

사랑받기 위한 모든 순간을 잃었고, 나는 오늘 이곳에서 내 인생의 모든 낭만을 마음 끝으로 즈려밟았다. 잘 가라. 나의 모든 것. 끝내 이룰 수 없던 꿈과 금방 잡힐 것만 같던 미래와 함께 이 가슴에 날카롭게 박혀 평생을 앓게 만들었던 애틋함이여. 그 이름을 오래토록 정의할 수 없었으나, 나 이제 그것이 너의 조각임을 깨닫는다. 또다시 안녕. 안녕, 나의 모든 것.

내게만 특별한 사람。

모두에게 친절한 사람이 싫다. 미움받기 싫어 언제나 여지를 남기는 사람. 정작 본인에게 중요한 사람이 얼마나 상처 받고 있는지는 인지하지 못하는 사람. 지나간 사람에 대한 예의를 운운하며 딱 잘라 거절하지 못하는 사람. 본인이 하는 모든 행동을 그래도 안됐잖아, 라며 합리화하는 사람. 그러고도 옆에 머무는 사람의 속이 타는 건 조금도 이해하지 못하는 사람. 아무리 나를 사랑해주었던 사람이라도 과거는 과거일 뿐. 매일 과거에 얽매여 있다면 그에게 남는 것은 현재를 과거로 만드는 능력뿐일 텐데. 당신이 충분히 행복할 수 있는 날들을 아프게만 만들고 있는 것이 안타까울 뿐.

온 마음을 다해。

그게 아니라 그냥, 좋아해줘서 고맙다는 말이 하고 싶어서요. 내가 어떤 표정을 짓고 있어도 내가 나일 수 있게 해주어서. 가끔 못된 말을 하더라도 내가 어떤 것들을 마음속으로 감추고 있는지 끝내 말하지 못한 것들까지 짐작해주어서. 그렇게 좋아해주어서. 조심스럽게 좋아한다는 말밖에 꺼내놓지 못하는 내게 사랑한다며 손을 내밀어주어서. 그래서 고맙다고요. 그냥, 오늘 밤은 왠지 꼭 말하고 싶었어요. 언제나 이곳에 가득하기만 할 당신에게. 잘 지내요, 우리.

눈에 띄지 않지만 소란한。

미안, 뭐가 문제였는지 알았어. 나한테 사랑은 너무 별 게 아니었던 거야. 남들은 뭐 거창한 거 잘만 바라던데. 나한테 사랑이라는 건 그냥 감정 그 자체에 불과했어. 내가 너를 바라볼 때, 네게 안겨 울 때, 네가 나와 눈을 맞출 때, 발끝이 저릿해질 만큼 절실하게 느끼는 그 감정 말야. 그런데 너한테 사랑은 그런 게 아니었던 거야. 넌 내가 어떤 사람이었으면 하고 늘 바랐잖아. 이럴 땐 이렇게 해줘, 저럴 땐 저렇게 해줘 하고 넌 늘 나를 네 방식대로 맞추려고 했지. 그래, 나도 처음엔 그게 맞다고 생각했어. 나 사랑받고 싶었어, 진심으로. 그렇게만 하면 네가 나를 사랑하게 된다는데 못할 이유 같은 건 조금도 없었어. 그래서 자꾸 날 잃었어. 내가 싫은 건 하나도 말 못하면서 네가 싫다고 하는 것만 뜯어 고쳤어. 그러니까 내가 자꾸, 정말 자꾸만 작아지더라. 이젠 내가 원래 어떤 사람이었나 싶더라. 근데 이게 맞는 것일까? 있지, 아무리 생각해도 사랑은 이런 게 아니야. 넌 나한테 사랑한다고 말하는데 너 그거 그냥 아무 뜻 없이 뱉는 거잖아. 네가 사랑하는 건 내 껍데기야. 네가 만든 거. 네가 네 입맛대로 골라다가 하나씩 맞춰 놓은 인형 같은 거. 이제 와 이래서 미안해. 그래도 이건 내가 아니야. 아무리 내가 네 것이 되고 싶어 몸부림친다고 해도 더 이상은 못하겠어. 나도 내 있는 그대로를 사랑해줄 사람을 만나고 싶어. 그게 네가 될 수 없다는 건 나도 참 안타까워. 그래도 어쩌겠니, 네가 아니라는데. 늘 맞다고 내 자신을 속였던 나도 이젠 이게 아닌 걸 알겠다는데. 그러니까 잘 가. 언젠가 정말 사랑을 알게 되거든 그때 연락 한 통 해. 끝내 네 이상형이 되어주지 못해 미안해.

Jag älskar er också.
Minnet i 25 år
Dags för något annorlunda?
På Nästa steg
Minnet i 25 år.
Samma himmel
Jag älskar er också.

나라는 세계 속의 당신。

자, 들어봐. 이제 당신이 이 세상에 살아 있다는 사실은 내 세계에서는 중요한 일이 아니야. 다만 이 안에 당신이 여전히 숨 쉬고 있다는 사실은 내 모든 것을 흔들기에 조금도 부족함이 없는 일이겠지. 당신은 어디에서 어떤 모습이어도 좋아. 뭐가 어떻든, 누가 뭐라고 말을 한다고 해도 이 안에 있는 당신은 늘 예쁘고 따사로운 그 모습 그대로일 테니까. 그게 당신이 아니었다고 애써 부정하지는 마. 그 시절의 당신을 내가 여전히 기억하고 있다는 사실이 당신을 힘들게 할까? 그렇다면 아프게 해서 미안해. 그래도 내 마음에 있는 이곳까지 당신 마음대로 할 생각은 말아. 당신은 아무렇지 않게 나를 떠났지만 내게 그게 어떤 의미를 가지는 것이었는지 당신은 꿈에도 모를 테니까. 그러니 그냥 그렇구나 해줘. 사랑해. 미안해. 그렇지만 사랑해. 이걸 어떻게 할 수 있겠어? 당신, 누군가를 이렇게까지 사랑해본 적 있어? 없잖아. 그러니까 모르는 거잖아. 그런 눈으로 바라보지 마. 달라지는 게 없잖아. 당신한테 바라는 거 없어. 그러니까 제발, 내가 이곳에 한껏 적셔진 채 이 안에서 숨 멎을 수 있도록 그냥 지켜봐줘. 달뜬 숨을 내뱉고 다시 새로운 숨결을 가지게 되거든 그때는 당신을 사랑하지 않을게. 정말이야. 걱정 마. 그러니 잘 가, 내 사랑. 나중에, 나중에 봐.

나만 알아두면 돼.

있지, 나 왜 그렇게 많은 것들을 사랑했을까. 사실 전부 부질없다는 걸 알면서도. 결국 아무 것도 아닌 게 되어버린다고 해도 그 시절 난 네가 사라지는 게 마냥 겁이 났던 것 같아. 그런 거 있잖아. 어릴 적 놀이 공원에서 길을 잃어버린 꼬마처럼, 내 눈 앞에 보이는 세상엔 이렇게나 아름답고 재미있는 것들이 많은데도 그 많은 건 하나도 보이질 않고 난 내 손을 잡고 있다 사라진 너만 찾고 싶었던 거야. 어쩌면 난 그냥 울면서 네 이름을 부르고 싶었나봐. 왜 날 여기 두고 간 거냐고. 그래, 그렇게 원망을 하고 싶었나봐. 나 말야. 많은 것들을 사랑했지만 그중에 너만 한 건 없었어. 내 모든 것들 중에 너보다 대단했던 건 없거든. 그래서 다 사라질 걸 알고도 네가 포기가 안 됐어. 웃기지. 사랑이 뭐라고. 그게 뭐가 그렇게 대단하다고. 보고 싶어 하는 마음이 네게 닿을 거라는 생각은 안 해. 새벽의 힘을 빌려 네게 연락하고 싶은 마음도 없어. 다만

여전히 사랑해. 듣고 있지 않아도 괜찮아. 그래도 사랑해. 이 마음은 나만 알아두면 돼.

대단한 위로。

위로받고 싶다. 그럴 수도 있는 거 아니냐면서. 살다 보면 어떤 일도 다 생길 수 있는 건데 그냥 조금 더 빨리 겪은 거라 생각하라면서. 네 마음을 전부 이해할 수는 없겠지만 그래도 나는 언제나 네 편이라면서. 울고 싶으면 울라고, 그런 것까지 참아가면서 힘들어하지 말라고. 내 품이 좀 넓은데 안겨볼래? 하는 우스갯소리까지 덧붙여가며. 나는 이렇게나 작고 유약한데, 나와 똑같이 그저 약하기만 한 사람이면서도 내가 아파하면 본인이 아파하는 티를 내지 않으려 애써가면서. 그 모습이 눈물겹게 고마워서 또 한 번 눈물 흘리게 하면서. 그렇게 한참을 울다가 그래도 당신이 있으니 아직 살만 한 인생이구나 하고 깨닫게 하면서. 그렇게, 소소하지만 대단한 위로가 받고 싶은 날.

널 사랑하지 않아。

당신이 하나 잊고 있는 게 있는데 지금 당신 모습이 예전의 내 모습이었어요. 연락 한 번 해달라고, 전화 한 번 받아달라고 애쓰면서 상대방을 억지로 붙잡고 있다는 생각에 아파하고 매일같이 떠오르는 '포기해야 할까?'라는 생각에 잠 못 이루는 거 말이에요. 당신 눈에는 나만 바뀌었는지도 모르겠네요. 내 눈에는 당신이 더 많이 바뀌었는데. 미안한데, 난 그때 내 마음을 다 써버렸어요. 너무 많아서 언제 다 전할까 싶었는데 한 번 흘러넘치니까 어느 샌가 없어져 있더라고요. 당신은 왜 이제야 내가 적셔 놓은 곳에 빠졌나요. 나 꽤 많은 시간을 울었었는데. 그 시간 동안 한 번도 나를 달래지 않던 당신이 이제 와 내게 너무하다고 말하네요. 그래도 당신은 참 좋겠어요. 그런 표현이라도 할 수 있어서. 그렇게 아프고도 당신을 원망한 적이 단 한 번도 없었는데 지금은 좀 그런 것도 같네요. 늦었어요. 너무 늦었어. 돌아오지 마요, 당신. 우리 이제 서로 아프기만 할 거예요. 난 이제 그 아픔도 사랑이라고 생각할 자신이 없고.

변함없이,
당신을。

처음엔 특별했던 것들도 시간이 지나면 평범해지기 마련이죠. 적응이 되면 그냥 원래 그랬던 거나 다름이 없어지니까. 당연한 게 아닌 거라 계속 마음을 다잡아도 쉽지 않을 거예요. 한 번 틀어박힌 마음이 돌아온다는 게 생각처럼 되는 일은 아니잖아요. 그래도 사랑해요. 늘 똑같은 일상에 늘 당신이 함께한다는 게 이제는 너무도 당연하고 평범한 일이 되어버렸다고 해도. 가끔 특별하고 익숙하지 못한 일을 찾고 싶어진다고 해도. 일상에 대한 감정은 변해도 당신에 대한 감정은 조금도 변하지 않았어요. 사랑해요, 늘.

별자리。

어릴 때 그런 기억이 있어요. 밤마다 정말 별이 쏟아질 것 같이 내리는 곳에서 잠깐 머물렀던 적이 있었는데, 깜깜해지면 가만히 누워서 별을 보고는 했거든요. 이게 어떤 별자리인지도 모르면서 손가락으로 하나하나 이어도 보고. 저 많은 것들 중 가장 빛나는 별이 북극성이구나 하면서 집에 들어가기 전까지 그 별만 가만히 보고 있었던 적도 있었어요. 근데 도시에서는 별이 잘 안 보이잖아요. 그래서 가끔 몇 개만 반짝여도 기분 좋게 그걸 바라보고 있고는 하는데. 그래도 정말 아쉬울 때는 차라리 눈을 감고 그때 그 쏟아질 것 같았던 별들을 상상하고는 해요. 그럼 지금 내 눈 앞에 없는 것들도 충분히 나는 그 시간에서 가져올 수 있으니까. 이렇게 말하면 우습겠지만 나한테 당신도 그래요. 나는 지금 어디에서도 당신을 찾을 수가 없죠. 사실 어떻게 살고 있는지도 잘 몰라요. 잠시 추억을 공유했다고 해서 내가 당신의 영원을 가져올 수 있는 건 아니니까요. 그래도 가만히 내 옆에 있는 당신을 그리면 나는 내 마음속에 언제나 떠 있는 북극성이 당신임을 알아요. 그래요. 바라지 않을지도 모르겠지만 당신은 내 우주 속 변하지 않는 지표가 되어줄 거예요. 어느 상황에서도 누구를 만나도 당신은 가장 빛날 테니까. 쉽지 않겠지만 당신의 자리를 대신할 누군가가 나타나거든 그때는 더 이상 별들을 상상하지 않을게요. 그냥 그 전까지만요. 내가 이 아름다운 것들을 더 이상 사랑하지 않을 때까지만요. 그때까지만 이렇게 나의 중심으로 살아줘요. 또 다른 누군가의 중심이 되어 있더라도. 당신이 어떤 별자리 속 가장 중요한 별이 되었더라도. 미련하게도 나는 아직 당신이니까.

이 말로
다할 수
없겠지만

너의 전부를 사랑하노라고 말할 수는 없더라도 나는 너의 부분 속에 오롯이 담겨 있노라고 우겨보고 싶은 밤. 이 밤이 지나도 나는 네가 될 수 없겠지만 네 품 안에서 눈 뜨는 나의 하루가 다른 어떤 날들보다 행복할 수는 있겠지. 가끔은 마음을 뜯어 네게 보여주고 싶다. 여기에 이만큼이나 네가 있다고. 내가 이렇게나 너를 사랑하고 있다고.

이별의 꽃다발。

이별한 친구에게 꽃다발을 선물했다. 다음엔 더 좋은 사람을 만나라고. 이렇게 너를 울리는 사람 말고, 다음엔 그런 사람 말고, 온종일 네 생각밖에 없어서 길거리에서 꽃 한 송이만 봐도 건네주고 싶어 하는 사람을 만나라고. 낭만적이지 못한 이별의 날들 사이 잠시나마 네게 낭만을 선물했길.

그
순간 속의
너를。

문득 내가 너를 사랑한다고 느꼈던 그 순간에 멈추어 선 채 평생을 살고 싶다. 내게 그 무엇도 아니었던 사람이 내 전부가 될지도 모르겠다는 생각이 머릿속을 스침과 동시에 내 전부가 당신으로 물들어버렸던 그 시간 속에. 내 인생 중 그날의 나보다 아름다울 수 있는 날이 있을까. 당신에게 사랑받고 있다는 사실에 눈 멀고, 그 사랑에 숨 멎어 그대 품에서 눈 감고 싶었는데. 사랑이 인생의 전부라는 코웃음 칠 말 따위에 이제야 알았다며 미안하다, 무릎이라도 꿇고 싶었는데. 당신이 나의 영원이 아니더라도. 그날 속에 매일 멈추어 살아도 좋을 만큼. 이 마음을 어떻게 표현해야 할지 몰라 한참을 고민했지만. 내 부족한 문장들로나마 이 마음을 담아요. 나는 당신을, 나는 정말로 당신을. 며칠 뒤면 어느새 찾아와 있을 따스한 봄날만큼이나 진심으로 사랑하고 있어요.

비가 오는 날엔。

비가 오는 날엔 한 번만 더 사랑한다고 말해줘요. 나는 비 오는 게 싫거든요. 남들은 비 냄새가 좋고 시원해서 좋다며 그러니 네가 그날을 싫어하는 이유보다 좋은 이유를 더 생각해보라고. 그렇게 비가 올 때마다 우울해해서 남는 게 뭐냐고 하지만요. 그거 내 마음대로 되는 게 아니거든요. 날씨 따라 기분이 변하는 게 나라고 기분 좋겠어요. 있죠, 그러니 딱 한 번만 더 사랑한다고 말해줘요. 그 말 한마디면 나는 좋은 날씨에 살 수 있게 되니까. 당신은 이 빗속에서 나를 구원할 수 있는 유일한 사람이잖아요. 그래요. 그렇게 내 앞에서 웃어줘요. 당신은 그래도 이런 날이 좋다면서. 내가 있어 당신은 어떤 날도 참 좋다면서.

사랑받기에 충분한 사람。

가장 이상적일 거라 생각했던 연애가 가장 이상적이지 못하게 끝이 나버리기도 하고, 기대조차 하지 않았던 연애가 어느새 나의 이상이 되어버릴 때도 있지. 사랑이라는 건 이렇게 쉽게 판단할 수 없는 거야. 그러니 네 멋대로 그 사람을 재단하려 하지 마. 그 사람, 누군가의 전부가 되기에 충분한 사람이니까.

나를 다그치는 당신에게。

다 지나갈 테니 걱정 말고 조금만 버텨내보라고 하는데. 지나갈 거라는 보장은 어디에 있고, 그것이 정말 지나간다고 해서 내 마음에 깊게 그어진 줄 하나가 사라질 거라는 생각은 어디서 나오냐는 말입니다. 그래요. 다 겪은 일이겠죠. 당신도 나만큼이나 힘들었겠죠. 나도 그렇게나 강한 당신이 부러워요. 그렇다고 모든 걸 당신 입장에서만 그렇게 얘기를 하면 어차피 내 인생은 당신이 대신 살 수 있는 게 아닌데 강요한다고 뭐가 달라지겠어요. 그렇잖아요. 걱정으로 할 수 있는 건 위로와 격려, 그리고 적당한 충고가 전부지. 그런 식의 다 안다는 듯한 깎아내림이 아니라.

보고 싶다。

좋아한다, 사랑한다, 보고 싶다는 말 중 가장 최고치의 마음을 표현하는 말은 '보고 싶다.'인 것 같다고 말했다. 앞의 두 문장이 모두 합쳐진다고 해도 보고 싶고 그리워 사무치는 가슴을 이겨낼 수 있는 문장은 없을 것이므로.

좋아하고,
사랑해요。

사랑받지 못한다는 생각이 들 때마다 이곳에서 당신을 지키고 있는 내가 있다는 사실을 잊지 말아줘요. 내 마음이 마냥 한결같을 수는 없어서 어떤 때는 조금 더 사랑했다가 또 어떤 때는 조금 덜 사랑할 수 있겠지만 그래도 단 하루도 빠짐없이 열렬히 당신을 사랑하고 있는 걸요. 사랑받아 마땅한 사람이에요, 당신. 그런 사람을 내 마음에 담을 수 있어 충분히 행복해요. 당신이 늘 나를 사랑하지 않는다고 해도 단지 좋아한다는 말로, 또는 웃음 한 번으로 나를 지나쳐 간다고 해도 조금도 미워할 수 없을 만큼. 아주 많이 사랑하고 있어요.

GIRLS ON FILM
VOL. 3
GIRLS ON FILM
VOL. 2
LOVE
KINFOLK

절실함이 닿는다면。

시간이 지날수록 무조건적으로 내 편이 되어줄 수 있는 존재 하나가 그렇게나 절실해진다. 내가 잘못을 했다면 그 사실에 대해서 확실하게 짚어주고 그것을 고쳐나갈 것을 권유하면서도 나는 네가 조금 더 나은 사람이 될 것임을 믿는다고 말하며 내 손을 더 꽉 잡아주는 사람. 그 믿음에 내가 더 좋은 사람이 되고 싶게 하는 사람. 무너져 있는 마음을 지탱해주다 나와 같이 넘어지기보다는 그 마음 옆에서 내가 괜찮아질 때까지 기다려준다는 사람. 그대의 옆자리가 늘 내 것임을 불안함 없이 인지시켜주는 사람. 일평생을 바쳐 사랑하고 싶은 사람.

MENDELSSOHN
LIEDER OHNE WORTE

너도 나만큼。

네가 생각이 많아 네 안에 물을 채우고 또 채워대는 동안, 애써 네 안에 살고자 했던 나는 끝내 그곳에서 나오고 싶지 않아서 숨을 꾹 참고는 곧 괜찮아질 거야, 하며 내 자신을 다독였다. 잠깐은 괜찮은 것 같았는데, 너도 이러다 말겠지 싶었는데. 내가 이곳에 있다는 사실을 어떻게든 알리면 네가 나를 위해서라도 조금 괜찮은 척을 해주지 않을까 해서 그렇게 힘을 썼는데. 결국 아무 소용이 없었던 것 같다. 너에게는 나보다 중요한 것이 많으니까, 그렇게 버려야 할 것도 많으니까, 네 안에 가득 담긴 물에 흘려버려야 할 것들이 차고 넘치니까 내가 그곳에 있는 걸 눈치 챌 수가 없는 거겠지. 내가 그렇게 같이 흘러가버려도 신경 써줄 수가 없는 거겠지. 너도 나만큼이나 힘드니까. 그런 사람이니까.

신경의 중심。

가끔은 정말 그 무엇도 신경 쓰이지 않았던 때로 돌아가고 싶으면서도 내 신경의 중심이 너라는 사실에 쉽게 돌아설 수 없을 때가 많다. 그렇게 아프고도 정신을 못 차리냐고 매번 타박을 하는 사람들 앞에서 그래도 아직 사랑하는데 어쩌냐면서 아직은, 아직은 하며 네 곁에 남아 있는 시간을 하루 이틀 연장하는데. 이러고도 언젠가는 끝이 나버릴 이야기라지만 그래도 하루 지나, 한 달 지나 그 오랜 시간 여전히 당신이 나의 사랑이라면. 나 어쩌면 이번 생은 내내 당신 곁에 머무를 수 있을까 하여. 그 헛된 욕심에 내 한숨 끝자락이라도 걸어볼 수 있을까 해서.

가끔은 모르는 게 약。

아무 생각 없이 가만히 하루를 보내다가도 이유조차 모른 채 때때로 우울해진다. 웃을 일이 줄어들었고, 울어야 할 일에도 쉽게 눈물 흘리지 못하는 날들이 지속되고 있다. 무엇이 나를 이렇게까지 만드는지 잘 모르겠다. 어쩌면 모른 척하고 싶은 걸 수도 있겠지만 내 마음이 그걸 애써 무시하고 있는 거라면 끝까지 모르는 채로 넘어가는 것이 낫겠다. 나는 감정 소모가 심해질 때마다 모든 것을 다 내려놓고 새로 시작해오던 사람이었는데 지금은 그 어떤 것도 쉬이 내려놓을 수 없어 오히려 마음이 무거워지는 것 같다. 잃을 것이 많은 사람은 언제나 약자인 법이다. 나를 잃는 일에 있어서만은 네가 늘 약자이기를. 익숙함이 우리 관계의 소중함을 앗아가지 않기를. 과거는 그저 과거인 것으로 지나쳐 가기를. 나만은 늘 너의 현재에서 진행되기를.

사랑 앞에 굳건한。

여전히 너에 대해 모르는 것이 너무도 많고, 그 복잡한 마음속에 무슨 생각이 담겨 있는지 나로서는 짐작조차 할 수 없지만. 네가 나에게 반쪽의 모습만 보여주고 있다고 해도, 그 어느 순간 나머지 반쪽이 모습을 드러내고 그것이 내가 알던 너와는 너무 다른 모습이라고 해도. 나는 여전히 너를 사랑하고, 매 순간 네 곁을 지키고 싶다. 나 역시 사람인지라 알고 싶은 것이 많은 만큼 알고 싶지 않은 것도 많고 너무도 사소한 것들을 의심하고 네 마음에 대한 확신을 갖겠다며 지친 너를 흔들어 댈 때도 있지만. 네가 나에게 영원을 허락한다면, 나는 너의 곁에서 평생 제자리걸음밖에 하지 못하는 바보가 되어도 좋다. 지나간 사랑에 흔들리지 마라. 네 굳건한 사랑이 이곳에 있으니.

자존감의 의미。

남을 깎아내리면서 되찾는 자존감은 자존감이 아니라 그저 열등감이다. 내가 남보다 우위에 서 있다는 알량한 감정을 내 자신을 세우는 근본인 자존감으로 포장하지 마라. 내가 온전한 나일 수 있을 때 나의 뿌리에도 의미가 생기는 것이다.

감정 쓰레기통。

연애할 때 가장 조심해야 할 점은 내 기분에 따라 상대방을 대하는 태도가 변해서는 안 된다는 것이다. 연인이라는 관계는 머리보다 마음이 더 가까운 사이이기 때문에 상대방이 조금의 변화만 보여도 민감해지기 마련이다. 적어도 사랑을 하고 있다면, 나의 연인의 기분이 좋아 보이지 않는 것에 아무렇지 않다는 반응을 보일 사람은 없다. 그 사람은 생각할 것이다. 왜 그럴까, 무슨 일이 있을까, 혹시 나 때문인가? 제대로 된 답을 내어놓지 않고 그저 "괜찮아." 하고 말한다고 모든 것이 원점으로 돌아오는 것은 아니다. 차라리 솔직하게 말하고 상대방에게 이해를 구하는 편이 낫다. 나 혼자 해도 될 감정 소비를 내가 사랑하는 사람한테까지 시킬 필요는 없는 거니까. 당신은 내가 사랑하는 사람이지, 내 감정의 기복을 전부 다 받아줘야 할 감정 쓰레기통이 아니니까.

나의 우주。

당신을 나의 우주라고 칭했다. 그 드넓은 우주에 나 혼자만이 존재할 것이라는 바보 같은 생각을 한 채. 그 우주 사이 내가 아닌 누군가 숨을 쉬고 있을 가능성이 그렇게나 허다한데 겁도 없이.

네가 사랑하는 나는。

누군가 곁에 없어 외로운 것보다 누군가 내게 과도한 관심을 가지는 것이 더 부담스럽게 느껴질 때가 있다. 혼자 살아갈 수 있는 사람은 없다지만, 매 순간 네가 없는 것이 원망스러웠다지만 시간이 너무 오래 흘러 마음이 지쳤다는 이유로 그 모든 것을 내려놓게 되는 것이다. 왜 네가 있음을 바라지 않겠는가. 매 순간 그리워하는 것이 당신이었는데. 다만 잃을 것이 많아 두려웠던 그때와는 달리 아무것도 가지고 있지 않은 지금은 네 말 한마디가 그렇게 큰 힘을 가지지 못하는 것이다. 너 역시 그 당시 너에게 끝도 없이 헌신적이었던 나를 그리워하고 사랑하는 거겠지. 이렇게 무기력해진 내가 아니라.

별똥별.

모든 게 마음 같을 수는 없겠지 하는 생각을 할 때마다 어딘지 모르게 비뚤어진 길을 내달리는 기분이다. 그냥 마음을 그렇게 먹지 않으면 되는 건데. 그럼 애초에 기대 같은 걸 안 해서 편해질 수 있을 텐데. 나 혼자 괜한 짓을 해놓고는 대체 누구 탓을 하자고 매번 그렇게 제자리만 맴도는 건지. 결국 이렇다면, 이럴 수밖에 없는 거라면 저 밤하늘을 수놓는 별똥별에 수없이 소원을 빌어봐야 아무 소용도 없을 것이다. 기껏해야 밤새 비는 것이 네 이름 석 자일 것이니.

운명 같은 사랑。

나는 오늘도 너무 아픈 사랑 역시 사랑이었으면 하고 간절히 바랐다. 행복한 날들보다 슬픈 날이 많은 것도, 길 가다 우연히 지나친 꽃 한 송이의 꽃말이 당신의 이름은 아니었을까 생각하는 것도, 그래서 그날부터 길을 걸을 때마다 눈으로 그 꽃을 찾아 헤매는 것도, 그러다 그것이 어떤 모양이었는지조차 기억이 나지 않는 것도, 그 희미해진 기억 사이에서도 그게 그렇게나 소중하게 느껴지는 것도, 그렇게 내 모든 순간이 당신이었다는 사실도 전부 다 사랑이었으면. 결국 어쩔 수 없는 운명이었으면.

내가 미운 이유。

차라리 아무 말도 하지 않는 편이 낫지, 말 뿐인 건 싫다. 그 말을 뱉을 때 그 순간이나마 진심이었으면 하고 바라게 되는 것도 싫고.

추억은 사랑보다。

사실 너도 잊고 싶지 않았던 거야. 그렇지? 사람을 잊는다는 게 마음먹는다고 한 번에 되는 일은 아니니까. 어제는 사랑이었다가 오늘은 아닌가 보다 하고 그냥 지나칠 수 있는 것이 아니니까. 꽤 오랜 시간 동안 너는 내게 사랑이었어. 내 마음이 어디까지 진심이었다고 네게 설명하고 싶지는 않아. 알았을 거야. 너도. 내가 얼마나 애썼는지. 사랑이라는 단어 하나 지키자고 나를 몇 번이나 무너뜨렸는지. 그러니까 너는 잊어야지. 이제 와 내가 사랑이라고 말하지 말고. 그 단어가 어느 한쪽에서만 사용되었을 때 얼마나 비참해지는지 알잖아. 내가 지금의 너랑 많이도 닮아 있던 거 너도 봤잖아, 그때. 그게 얼마나 우스운 건지. 그러니까 너는 이제 내가 아니어야지. 그게 아니면 흔들릴 마음이라도 있을 때 돌아왔어야지. 타이밍이 맞지 않는 건 인연이라고 할 수 없는 거래. 우린 늘 그랬어. 그래서 아닌 거야. 그만하자 이제. 추억이라도 아름다운 것이 될 수 있도록.

보통 사람。

내게 조금만 더 신경을 써달라는 말을 차마 내 입으로 꺼내지는 못하겠다. 네가 얼마나 힘이 들지 알고 있다. 내 욕심으로 그런 네게 또 하나의 짐을 지워주고 싶지는 않다. 그렇지만 나도 어쩔 수 없는 사람인가 보다. 그 누구보다 사랑하는 사람이 내게 주는 애정 하나가 절실하고, 그 사람의 말 한마디가 다른 어떤 것보다 중요한 그런 보통 사람. 그러나 네가 내 세상의 중심이라 자신 있게 말했던 나는 내가 흔들리면 이 안에 있는 너도 같이 흔들릴까 두려워 그 마음 한쪽 표현하는 것도 힘이 든다. 말하지 않으면 전부 모르는 일이라지만, 차라리 네가 전부 모르는 편이 나을 수도 있는 거니까. 나는 여전히 네가 필요하다. 늘 그래왔던 것처럼. 너에게도 내가 늘 그런 존재였으면 좋겠다.

입장 차이。

네가 빠르다고 해서 내가 늦은 게 아니야. 사람마다 준비하는 기간에 차이가 있을 뿐이야. 네가 노력을 하지 않았다는 말은 아니야. 그렇지만 네가 나보다 빨랐다는 게 내가 너보다 못하다는 말이 될 수는 없어. 나는 내 나름대로 살아가고 있어. 너와 다를 뿐이야. 그러니 그런 표정으로 나를 깎아내리지 말아. 그 말들이 언젠가 네게 돌아간다면 그때는 너도 내 마음을 알게 되지 않을까.

내가
당신을
놓지 못함은。

그래요. 조금도 괜찮지가 않아요. 자꾸만 주변에서 그렇게들 묻는데 빈말이나마 그렇다고 할 수가 없더라고요. 그 사람들도 그럴 거라고 생각하고 물은 건 아닐 거예요. 누가 봐도 안 괜찮은 것 같은 얼굴을 하고 있거든요, 나. 이런다고 당신 마음에 조금의 동요라도 가져올 수 있을까요. 사실 내 안부는 당신에게 그렇게 중요한 것이 아닐 거예요. 당신에게는 내일의 날씨라든지, 미세 먼지의 농도 같은 게 더 중요할 수도 있겠어요. 그게 당신의 하루에 조금 더 맞닿아 있는 것들이니까요. 눈이 오고 비가 오면 당신은 우울해할 테고, 황사라도 심한 날이면 목이 아파 눈물짓겠죠. 내가 어디서 울고 있다거나, 당신 때문에 어딘가 많이 아파져서 한 평생을 내내 앓고 있다고 해도 당신에게는 그다지 큰 일이 아닐 거예요. 아니, 어쩌면 정말 조금도 눈치 채지 못할지도. 원망할 생각은 없어요. 당신이 내게 이 마음을 강요한 적이 없다는 건 내가 더 잘 알아요. 오히려 상처받는다고 미리 경고도 했죠. 그렇게 쉽게 열릴 마음이 아니라면서 떠나라고도 했죠. 근데 어쩌자고 난 그 말이 당신이 내게 옆에 있어달라고 애원하는 것처럼 들렸을까요. 듣고 싶은 대로 듣는다더니 정말 그런 건가봐요. 당신에게 물으면 절대 그런 게 아니라고 하겠죠. 나도 그게 아니었으면 좋겠어요. 당신이 슬퍼하는 건 나도 싫으니까. 사랑한다는 말은 안 해요. 대신 보고 싶다는 말만 남기고 갈게요. 당신이 나를 사랑하지는 않아도 어쩌면 조금은 보고 싶어 할 수도 있으니까. 저 멀리서 당신을 사랑하는 소행성 하나가 당신이란 우주 속을 표류하고 있다면 그 행성에는 그래도 이름을 붙여주고 싶겠죠. 사랑이란 게 그런 거니까요. 애닳지 않아도 그냥 지나치기에는 아쉬운 법이니까. 그래서 포기를 못해요. 언젠가 당신이 내 이름 한 번 불러줄까봐. 그렇게 고생했다고 안아줄까봐. 기적처럼 사랑이란 단어를 입에 담아줄까봐. 그래서 당신을 포기 못하겠어요, 나.

행복의 이유。

행복하자고, 그러지 못할 이유가 어디에도 없다는 말을 들었다. 너를 잃은 내가 행복할 수 있다는 것이 그 말보다도 더 우스웠다. 내 행복의 전부였던 너는 지금 어디에도 없다. 그러니 적어도 내게만은 행복하지 못할 이유가 충분해진 것이 아닌가.

당신의 안식처。

잘하고 있어. 그렇게 불안해하지 않아도 돼. 잘하고 있어, 정말. 쉴 틈 없이 달리다가도 숨 고를 시간은 언제나 필요한 법이야. 그러니 잠시 쉬고 있는 걸 겁내지 마. 괜찮아. 내가 당신의 쉴 곳이 될게.

우리가
잊지 말아야 할
것들。

난 내가 지칠까봐 걱정 돼. 그리고 이런 나만큼이나 너도 지쳐버릴까봐 걱정 돼. 그 감정에 속아서 혹여 우리가 사랑이 아니라고 착각하게 될까봐 걱정 돼. 어떤 순간에서도 우리가 서로가 사랑임을 확신할 수 있을까. 네가 내 사람이라는 사실을 잊지 않을 수 있을까.

그 무엇도 아닌。

그 시간 속의 네가 나에게 대체 뭐였다고. 그 많던 순간들을 전부 다 잊어버린 채 고작 너 한 사람만이 생각나냐는 말이다. 네가 뭐였길래. 그 짧았던 시간 동안 네가 나에게 어떤 사람이었길래. 결국 난 너한테 아무것도 아니었는데.

적어도
내게만은.

아무 생각 없이 한 말이라고 하면 그게 나한테도 아무것도 아닌 말이 되던가요. 별 생각 없이 한 일이라고 하면 그게 나한테도 별 일 아닌 게 되는 거냐고요. 그게 무슨 말이에요. 나한테는 당신이 이렇게나 큰데.

고백。

사랑해요. 애초부터 다른 말로는 설명될 수 없는 마음이었는데 내가 무슨 말을 덧붙여요. 사랑해요. 그뿐이에요.

나의 모든 부분。

내가 원하는 삶은 내 인생의 모든 부분에 네가 있는 것이다. 너를 만나지 못했던 나의 지난 시간들을 너를 만난 이후 전부 보상받기라도 하듯이, 네가 떠날 것이라는 불안 하나 없이, 매번 싸우더라도 가끔 지치더라도 결국 나는 너이고 너는 나임을 인지하고 사는 것이다. 다른 사람들이 어떤 말을 해도 네가 내가 알지 못하는 많은 것들을 숨기고 있다고 해도 내가 너의 있는 그대로를 사랑할 수 있는 사람이었으면 한다. 사랑한다. 이번 생은 너를 알아가고, 이해하는 일에 쓰고 싶다.

당신이어라。

우리 사이는 늘 소란스럽다.

이게 사랑일까, 혹은 사랑이 아닐까 하는 의미 없는 전쟁으로 언젠가 내 마음이 닳아 없어지더라도 나는 결국은 네가 내 사랑임을 믿는다.

당신, 꼭 내 사랑이어라. 이토록 많은 질문들의 답은 꽤 오랜 시간을 돌아오게 되어도, 그것이 거짓이라 우기는 사람들의 꼬임에 몇 번이고 흔들리게 되어도 그 답은 꼭, 당신이어라. 그래야만 한다.

끝내
모른 척。

알고 싶지 않은 것들은 그냥 평생 모르는 채로 지나갈 수 있었으면 좋겠다. 네 말을 믿고 싶다. 네가 내게 말해왔던 그 모든 것들이 조금의 거짓도 없는 진실이었다고 믿고 싶다. 나는 아무렇지 않은 척할 것이다. 알아도 모른 척할 것이고, 내가 전부 알고 있었다는 사실을 네가 언젠가 알게 된다고 하더라도 조금도 상처받지 않은 것처럼 행동할 것이다. 지금 네 사랑이 나를 향하고 있음을 알고 있다. 나는 그것이면 된다.

좋아해。

나 당신을 좋아해. 그걸 깨달은 순간부터 좋아한다는 단어가 어떤 뜻인지에 대해서는 생각하지 않기로 했어. 생각이 많아지면 자꾸만 바닥으로만 치닫는다기에. 나는 너에 대한 나의 감정을 깊숙한 곳에 담아두고 필요할 때만 꺼내어 보고 싶지는 않았거든. 매일같이 보듬어주고 싶었어. 세상에 치여 지쳐버린 네가 내게 닿으면 적어도 내 곁에서만큼은 아무런 걱정도 없이 네가 편히 잠들 수 있었으면 했어. 네 등을 조심스레 토닥이는 내 품 안에서. 조금은 불안한 숨을 내쉬던 네가 어느새 편안한 숨을 조용조용 내뱉으며 좋은 꿈을 꾸길. 그 꿈길 속 한 구석에서 네가 따뜻한 것만 보고 느낄 수 있도록 검은 빛들 사이 너를 지킬 수 있기를. 그렇게 매일같이 기도하던 내 기도문이 너의 자장가가 될 수 있기를 누구보다 염원했다. 당신을 아주 많이 좋아해. 다른 말이 하고 싶은 것은 아니야. 사실 바라는 것도 별로 없어. 당신이 내 곁에서 살아

숨 쉬는 것. 당신 인생의 전부가 아니더라도 어느 한쪽에라도 나를 숨 쉬게 하는 것 정도. 그래, 바라는 건 그뿐이야. 모든 것에 이유가 필요한 법이라면 내가 너를 아주 많이, 아니, 이 광활한 우주 속에서 너라는 존재를 가장 좋아하는 이유는 말야. 내가 너와 함께하는 이 시간 속에 각인되었기 때문이야. 깊이 새겨진 시침과 분침 사이 나는 다른 곳으로 내달릴 힘을 잃었어. 그래서 결론은 당신이야. 이제 알겠어? 내 모든 것의 결론은 당신이라는 거. 내 모든 문장의 끝에는, 그 마지막에는 언제나 당신의 이름이 오게 될 거야. 내 모든 사랑 고백의 대상은 물론이고.

#3

나의 평범했던 계절에는 늘, 동그라미

그게 아니면
사랑이 아닐 테니까。

사랑하면 다 그렇다.
사랑하니까 그럴 수밖에 없다.

별것도 아닌 것에 서운하고
특별한 것도 아닌데 특별해지는 것.
어쩔 수 없이 그럴 수밖에 없다.
그게 아니면 사랑이 아닐 테니까.

너에게 듣고 싶은 말。

너만 힘든 게 아니라는 말이 듣고 싶은 게 아니잖아.

세상 사람들 전부 힘들어도 참고 살아간다는 말을 듣고 싶은 게 아니란 말이야. 그냥 괜찮다고 다독여주기만 해도 된단 말이야. 나도 알아. 세상 사람들 모두 힘들어도 참고 살아간다는 거. 그래도 적어도 네게 힘들다고 말했을 땐 그런 식으로 대답하지 말았어야지. 빈말이라도 괜찮을 거라고, 잘하고 있다고 응원이라도 해줬어야지. 내 편이 되어줘야 할 사람이 내 편이 아닌 거 같을 때 얼마나 비참한지 너도 잘 알잖아. 나 오늘은 많이 힘들어. 그러니까 네가 내 편이라면 오늘만이라도 나 좀 다독여줘.

추억 속。

어쩔 수 없는 거지.

나는 네 추억 속에 살아야 하는 거고

너는 내 추억 속에 들어오기에는 너무 큰 존재이니까.

아직은 내 추억 속에 너를 담을 수 없는 게 당연하지.

허황。

당신의 하늘이 되고 싶다거나 당신의 산소가 되고 싶다는 말도 안 되는 말을 해야겠어요. 당신이 기대도 하지 않을 만큼 허황된 이야기를 해야겠어요. 그래야 당신이 기대하지 않을 테니까. 혹여나 내가 만약 정말로 당신의 하늘이 되고 산소가 된다면 당신은 더 행복할 테니까.

자존감。

자존감은 처음부터 낮은 게 아니라
주변 환경으로 인해 낮아지게 되어 있다.

나와 어울리지 않는 사람을 억지로 껴안고 있다거나
나를 버려가며 그런 사람들 곁에 있기 시작할 때부터
자존감이 낮아지기 시작하는 거지.

내일의 당신에게。

당신에게 소중하지 않은 시간이라는 건 존재하지 않는다. 매 순간이 소중하고 매 순간이 존재하는 덕에 네가 있고 내일이 있는 것이다. 간혹 악몽 같은 시간이 있다 해도 자책하지 말라는 이야기이다. 어쨌든 난 내일의 네가 행복하길 바랄 테니까.

마음 접기.

너에 대한 마음을 접어두려 해.

왜 그런 거 있잖아. 책을 읽다가 마음에 드는 구절이 있으면 당장에라도 펴볼 수 있게 페이지의 끝을 접어두는 것처럼. 당장에라도 너를 볼 수 있게 너에 대한 마음을 접어두려 해.

오늘도 내일도 늘 내 곁에。

내 곁에 머물러줘서 고마워요.

너무 당연하게 내 곁에 있어야 하는 사람이라 이런 말 꺼내기 부끄러웠어요. 사실은 당연한 게 아닌데 당연할 만큼 내 곁에 있어 준 당신에게 고맙다는 말 한마디 정도는 하고 싶었어요. 그래서 오늘은 해야겠어요. 사실 이런 말 하는 거 정말 민망해요. 하지만 내 곁에 있어주는 당신이 언제 사라져버릴지 모르는 거니까 표현할 수 있을 때 할게요. 내 곁에 머물러줘서 정말 고마워요. 내 편이 되어줘서 고맙다는 게 아니라 내게 필요한 말을 해줘서 더 고마워요. 가끔은 내게 모진 말을 할 때도 있지만 그게 사실은 내게 정말 필요한 말이었다는 거 잘 알아요. 우리 지금처럼 쭉 지내요. 사람이 변하지 않을 수는 없으니까 같이 변해요. 나는 당신 곁에서 당신은 내 곁에서 같이 변해요. 이왕 변하는 거 더 좋은 쪽으로 변하면 좋고요. 오늘도, 내일도 늘 내 곁에 머물러줘요.

당신에게 난。

"오늘 왜 그래요?"

"오늘은 좀 많이 서운해요. 별것도 아닌 일에 서운해하는 나 자신 때문에 더 비참하고요. 그래서 그래요. 별것도 아닌 일이고 말하기도 애매한 고작 그따위 일 때문에 당신에게 서운한 감정을 느끼는 게, 그리고 고작 그런 일을 당신이 몰라주는 게 너무 서운해요."

삶의 의미。

이대로 죽어버릴까도 생각했다.

내가 없는 세상에서도 내가 사랑하는 사람들이

이대로 아무렇지 않게 지낼 수만 있다면.

양보。

당신에게 내 새벽을 전부 양보할게요. 혹여나 당신이 나를 아프게 한다고 해도 괜찮아요. 새벽이라는 이유만으로 모든 것을 용서할 수 있을 거 같으니까요. 그렇게 당신에게 내 새벽을, 당신에게 나를 양보할게요.

힘든 게 아니라
아픈 것일 테니까。

한평생 단 한 사람을 사랑하고 싶어요.
평생 그 사람만 사랑해야 한다 해도 좋아요.

사랑하는 누군가를 미워하고
잊는 일보다는 덜 힘들 테니까.

사랑하는 누군가를 미워하고 잊는 일은
힘든 게 아니라 아픈 것일 테니까.

나의 바다。

바다에 가야겠다.

나보다 더 큰 무언가가 있는 그곳으로 가야겠다.

그래야 나를 감싸줄 수 있을 거 같으니까.

그것이 설령 죽음이라고 할지언정 나는 오늘 그곳에 가야겠다. 그게 무엇인지 확인해야겠다.

네게
받지 못할
사랑。

"미안해."

네게 가장 많이 들었던 말이다. "무슨 말이라도 좀 해. 이렇게 아무 말 없이 미안하다는 말로 이 상황만 넘기려 하지 말고 아무 말이라도 좋으니까, 핑계라도 좋으니까 안심이라도 시켜주란 말이야. 왜 항상 나 혼자 불안해하며 지내야 하는 건데? 나 사랑한다며. 네가 하는 사랑이 이런 거라면 나 더 이상 네가 주는 사랑 못 받아."

따뜻한 사람。

사람을 바라보는 시선이
따뜻한 사람이 되어야지.

뜨겁지도 차갑지도 않은
적당한 온도를 가진 사람이 되어야지.

내 곁에서 누구나 봄이 될 수 있게.
내 곁에서 누구나 꽃을 피울 수 있게.

여행。

여행이 아름다운 이유는 끝이 없어서라고 생각해요. 삶을 살아가는 것 자체가 여행하는 것이니까. 돌아오면 또다시 여행이 시작되니까 여행의 끝은 없는 거예요. 그래서 아름답다고 생각해요. 끝을 생각하는 게 아니라 다음을 생각하게 되니까. 그러니 떠날 수 있을 때 떠났으면 좋겠습니다. 특별한 계획이 없어도, 특별한 이유가 없어도 무작정 계획을 세우고 아무 이유라도 만들었으면 좋겠습니다. 그렇게 살았으면 좋겠습니다. 하고 싶은 일이 있다면 어떻게든 이유를 만들어서라도 무작정 시작했으면 좋겠습니다. 인생을 여행 같이 살았으면 좋겠습니다. 인생을 여행처럼 즐겼으면 좋겠습니다.

바다에 죽다.

너와 내 거리를 좁힐 수만 있다면
네가 좋아하는 바다에 빠져 죽어도
후회는 하지 않을 거라 약속한다.
그게 너와 가까워질 수 있는 방법이라면
나는 그렇게 바다가 되려 해.

더 성숙한 더 사랑받을。

더 성숙한 사람이 되어 돌아왔구나. 더 사랑받을 자격이 충분한 사람이 되어 돌아왔구나. 나도 가끔은 너무 힘이 들어 이대로 세상이 무너져버렸으면 싶었거든. 그러면 이 모든 상황에 체념할 수 있었을 거 같았거든. 그래도 잘 이겨낸 거 같아서 다행이야. 가끔은 또다시 네가 사랑하는 것들이 너를 아프게 하겠지만 이제는 걱정하지 않을게. 지금처럼 잘 이겨낼 사람이니까. 가장 너다운 모습을 잘 아는 사람이니까. 너는 너다울 때 가장 아름다운 걸 잊지 말아줬으면 해. 아팠던 만큼 성장하는 거라면 그게 무엇이 됐든 내일의 너를 만들어준 거니까. 너를 아프게 했던 것들마저 용서하기를 바랄게. 지난 시간은 추억이 되는 거니까. 추억은 추억으로 남아 있을 때 가장 아름다운 거니까. 네 아팠던 추억마저 찬란하기를 바랄게. 고마워, 이렇게 예쁜 모습으로 다시 돌아와줘서.

내 욕심이 이루어지기를。

좋은 사람이 되고 싶다. 언제까지든, 얼마든지 기다릴 수 있으니까 너에게는 항상 좋은 사람이 되고 싶다. 그냥 그렇게 너에게 좋은 사람으로 남아 평생을 너를 사랑하며 살아보고 싶다. 너에게 좋은 사람으로 기억되고 싶은 게 아니라 너에게 좋은 사람으로 곁에 있고 싶어졌다. 나는 그렇게 네 곁에서 좋은 사람으로 지내고 싶다.

우선
이대로
행복하기만.

"우리 늘 지금처럼 행복하기만 할 수 있을까 하는 걱정이 들어. 너무 행복한 날을 보내고 있는 요즘이라 이 행복의 끝이 어디일까, 이 행복이 끝난 후에는 얼마나 아플까 싶어. 그래서 너무 무서워."

"지금 네게 필요한 건 예쁜 단어로 치장된 고백이 아니라 확신인 거 같으니까 확신을 줘야겠네. 지금처럼 늘 행복하기만 할 수는 없겠지. 하지만 지금처럼 늘 같이 있겠다고 약속할게. 분명 남들과 다를 것 없는 사랑을 하는 우리라 가끔은 다툼도 있고 어떨 땐 이별의 문턱까지 가게 되겠지만, 지금은 우선 이대로 행복하기만 하자. 아플 생각보다는 앞으로 행복한 우리만 생각하자. 감정이라는 게 내 마음대로 되는 게 아니라 네게 확신을 주는 방법은 잘 모르겠지만, 잘 해보자 우리. 앞으로도, 지금처럼 늘 행복하기만 하자."

어중간한 관계。

서운함을 표현하는 것도
마음을 표현하는 것도
그 어떠한 것도 할 수 없는
어중간한 관계가 가장 힘들지.

그런 날。

오늘은 정말 기댈 곳이 필요해요.

더 이상 버티지 못할 거 같아요. 내 이야기를 들어주지 않아도 좋고 가식 섞인 뻔한 위로를 해줘도 좋아요. 누가 됐든 부디 내 곁에서 오늘만이라도 있어주세요. 그래야 내가 오늘을 살아갈 수 있을 거 같아서 그래요.

미안해요, 부탁할게요.

여행 같은
사람。

여행 같은 사람이 되어야지.

언제 와도 좋고

다시 와도 좋은 곳이 되어야지.

언제 누가 찾아와도 행복할 수 있게.

사람에게 사치를 부리다。

사람에게 사치를 부리고 싶을 때가 있어요. 바라지 말아야 할 것들을 바라게 될 때 사치를 부리고 싶어요. 변하지 않을 거라는 걸 누구보다 잘 아니까 그게 사치라는 것도 잘 알아요. 아무리 내가 바란다고 해서 그렇게 될 것들이 아니니까. 애초부터 나에게 어울리는 사람이 아니었으니까 포기하는 게 맞는 건데, 그래도 한 번쯤은 욕심내고 사치를 부려도 된다면 허락해줘요. 내가 부린 사치가 얼마나 힘든 결과를 안겨주게 될지는 그때 가서 생각할게요. 어차피 내가 한 번쯤은 아파야 하는 선택이니까 차라리 더 아픈 선택을 할게요. 그러니 한 번이라도 좋으니 나랑 같이 가요. 그 길의 끝에 뭐가 있든 난 괜찮아요. 내 걱정은 하지 않을 당신이니까. 혹여나 내 걱정이 된다면 그땐 내가 같이 가줄게요.

나를 잊은 몇 초。

연락이 안 돼서 화가 나는 게 아니라
짧은 몇 초만 신경 써도 되는 시간에
나를 잊고 있었다는 것에 화가 나는 거지.

신이 존재한다면。

이럴 거면 차라리 잘해주지를 말았어야지. 차라리 내게 무관심했어야지. 네가 상상하던 나는 도대체 뭐였기에 이토록 매정할까. 네 곁에 놔두고 보니 생각했던 것보다 별로였던 거라면 차라리 말을 해줘. 괜히 나만 나쁜 사람 만들지 말고. 내 입에서 헤어지자는 말이 나올 때까지 기다리지 말고. 네가 아무리 착한 척하려 해도 너는 내 생에서 가장 나쁜 사람으로 기억될 것 같다. 어쩌면 기억조차 되지 않을 수도 있겠다. 정말로 신이 있다면 신께 빌어볼까 하거든. 너와의 모든 기억을 지워달라고, 너를 내 인생에서 두 번 다시 나타나지 않게 해달라고 말이야.

고민의 크기。

지나고 보면 별것도 아닌 고민에
아파하고 상처받기도 한다고 생각하지만
사실은 아파하고 상처받아야
비로소 지나가게 되는 것이다.
그래서 고민의 크기는 상관이 없나 보다.

멀어지는 관계。

멀어지는 관계라는 게 어느 한쪽이 멀리하게 되면 한쪽이 멀어지는 만큼 다가가야 하는 거니까 힘든 거야. 그런데 있지, 멀리하는 사람도 그만큼 도망가야 하니까 힘이 들게 돼. 이기적인 말이라고 할 수 있지만 어떤 방법으로든 다 힘든 거야. 관계를 끊는 일은.

성장。

조금씩 성장해야 할 시기에

조금 성장했다고 자만하지 말 것.

조급해하지 말 것.

차근차근 하나씩 확실하게 성장해나갈 것.

평범하게。

"미안해, 요즘 매번 다투기만 하네."

"나도 남들처럼 평범한 연애를 하고 싶어. 다투지 않는 게 가장 좋은 방법이겠지만 서로 다른 우리가 만났는데 어떻게 다 맞을 수가 있겠어. 다투지 말자는 게 아니라 다툼도 남들처럼 평범했으면 좋겠어. 하루의 시작을, 그리고 끝을 함께하고, 밥은 먹었는지 무얼 하고 있는지 사소한 것까지 공유할 수 있는 그런 사랑하자, 우리."

영원,
평생。

세상에는 참 소수에게만 필요한 단어가 많다.

예를 들어 '영원'이라든지 '평생'이라든지, 그런 지킬 수 없는 뜻을 가진 단어 말이다.

영원히, 평생 상처로 남을 단어.

겨울이 지나면
봄이 찾아올 테니。

기다리기만 할 수밖에 없어요. 하염없이 누군가를 그리워하는 일이 되겠죠. 그래도 우리는 그리워하는 일밖에 할 수 없습니다. 내 곁을 떠난 사람이라도 당장 내 마음 한쪽에서 지워내는 일을 할 수 있는 사람은 없을 겁니다. 그래서 기다리는 거예요. 돌아오지 않을 걸 알면서도 돌아오기만을 기다리는 거예요. 기다리는 동안 조금씩 무뎌지며 잊어가는 거예요. 기다리다 보면 당신이 다시 내게 찾아오는 게 겨울을 지내면 따뜻한 봄이 찾아올 거라는 사실처럼 당연한 일이었으면 좋겠네요. 그럼 또다시 나는 당신의 모든 것을 용서할 수 있을 테니까요.

당신이라는 바다。

당신이라는 바다 속에 잠기고 싶다.

어떤 누구의 소리도 듣지 않고,

어떤 누구의 방해도 받지 않게

파도처럼 스쳐보내도 돌고 돌면서.

망상。

네가 그토록 바라던 꽃인데, 보고만 있어도 예쁘다는 감탄사가 절로 나오게 만드는 그런 꽃인데, 네가 그런 꽃을 들고 있었더라면 얼마나 더 예뻤을까 궁금해. 이제 와서 이런 상상을 해본다고 해도 네 손에 꽃을 쥐여줄 사람은 내가 아닐 텐데. 그저 망상에 불과한 거겠지.

네가 준 여지는 내게 전부였으니。

사랑이 아니었다면 내게 아무런 여지를 주지 말았어야지. 내게 눈길조차 주지 않았어야지. 이제 와서 아무것도 아니었다고 하는 네가 잘못된 거야. 이건 짝사랑도 아니었고 이루어진 사랑은 더더욱 아닌 거야. 그냥 넌 내 마음을 가지고 논 것일 뿐이야.

실수。

행동이 싫어져서
사람이 싫어지는 경우가 있다.
정도를 모르거나
같은 실수를 반복하는 사람이 있다.

실수를 안 하는 사람은 없지만
반복하는 것은 상대를 배려하지 않는다는 것이겠지.

RATE
450
1.00
EXTRAS $

핑계。

"보고 싶어."

"그럼 보고 싶다는 말에 어떤 핑계라도 부여해줘. 달이 예쁘다든가 날이 좋다든가 그런 온갖 핑계를 만들어줘. 그럼 난 달이 예쁘다는 핑계로 날이 좋다는 핑계로 너를 사랑할게."

부디 오늘 새벽만은。

하루에 한 번 우울해하는 사람이 많아지는 시간이 찾아온다. 새벽이 왔다는 증거겠지. 자고 일어나면 괜찮아질 것 때문에 아파하고 힘들어하기 좋은 시간이다. 죄 없는 휴대폰을 붙잡고 좋은 글귀나 좋은 노래를 듣고 있어도 좀처럼 나아지지 않는다. 우울이라는 게 그렇다. 좋은 노래나 좋은 글귀를 봐도 나아지기는커녕 나와는 다른 이야기라며 부정하게 만드는 것. 세상에서 내가 가장 불행한 사람이라고 느끼게 하거나 내 자존감을 바닥으로 내던져버리는 게 우울이다. 분명 자고 일어나면 괜찮아지겠지만 자고 일어나서 괜찮아졌다고 한들, 또다시 새벽은 찾아오고 우울함도 함께 찾아온다. 사실 새벽은 그 누구도 감히 참견할 수 없는 나만의 시간인데 말이다. 누구도 감히 참견할 수 없는 시간에 우울해지는 이유는 간단하다. 아무도 참견하지 않았고, 우울하게 만드는 근본적 원인은 본인에게 있다는 것. 나를 우울하게 만드는 것은 나 자신이라는 말이다. 일어나지도 않은 일에 괜한 걱정을 한다거나 상대방의 마음을 나 혼자 단정 짓는다거나. 어떤 이유에서든 결국 우울함의 근본은 나 자신이란 말이다. 그러니 우울한 새벽을 보내기 싫다면 부디 오늘 새벽만이라도 자신을 사랑해 주는 시간을 갖기를 바란다.

착각。

착각하지 마요.
상처를 외면할 수 있다고 해서
속에 있는 아픔까지 외면하지는 못해요.

아픈 건 그냥 아픈 거니까
힘들면 그냥 기대어주세요.

당신이 외면한다고 괜찮아질 거였다면
상처라고 말할 수도 없었겠죠.

조금은
아주 조금은。

조금은 마음 편히 살아도 돼요.

당장 오늘을 살아가기도 벅찬 요즘이지만, 당장 오늘이라도 살아가야 하는 요즘이니까 조금은 편하게 지내도 돼요. 그렇다고 편함에 익숙해지진 말고요. 내일이 어떻게 될지는 모르겠지만 우선 오늘만이라도 편하게 지내주세요. 당장 내일이 어떻게 될지도 모르니까 하루 정도는 편하게 보내도 되는 거잖아요.

조금은 쉬어가도 괜찮아요.

어차피 끝은 있는 거니까.

어차피 내 인생에서 1등은 나 자신이니까.

봄。

다시 봄이 오듯
돌아오는 거라면
그 봄 역시 당신이기를.
돌아오는 것 역시 당신이기를.

내 봄은 항상 당신이었으니
당신이 없는 계절은 늘 겨울이었다.

예쁜
사람아。

웃는 모습이 예쁜 게 당연하지.

화를 내는 모습조차 예쁜 사람인데

그런 사람의 웃는 모습이 예쁘지 않을 수는 없지.

#4

사랑의 물음에 진심을 답하다

사랑이라는 게 어려운 건가요?

쉬운 거라면 제게 질문을 하지 않으셨을 거 같아요. 사랑이라는 게 정답이 없는 거니까 본인이 어렵게 느끼면 어려운 거겠죠. 차라리 사랑이 쉬웠더라면 누군가를 만나서 사랑에 빠지고 쉽게 헤어날 수 있을 텐데 그게 아니잖아요. 그 모든 과정이 쉬웠더라면 사랑이라고 말할 수는 없어요. 다만 정말 사랑한다면 그 어려운 모든 게 달콤하게 느껴질 테니 너무 걱정하지 말아요.

세상에 쉬운 일은 없는 것 같아요. 사람과 사람 사이의 관계와 감정 소비가 필요한 일이라면 더더욱이요. 사실 저는 사랑이 쉬워서는 안 된다고 생각해요. 오히려 어려워야 사람들이 그 감정에 대해 존중하고 노력하지 않을까 싶어서요. 그래서 저는 사랑이라는 단어가 최대한 무겁고 중요한 것이었으면 좋겠어요. 그러니까 정리하자면 사랑이라는 관계의 시작 자체를 어렵다고 생각할 필요는 없지만 사랑이라는 단어의 무게만큼은 어려운 것이었으면 한다는 겁니다.

언제쯤 고백하면 좋을까요?

인생은 타이밍이죠. 언제든 할 수 있다면 언제든 하세요. 괜히 마음에 확신이 서지 않아서, 상대방의 대답이 두려워서 미루지 말아요. 용기만 있다면 지금 당장이요.

상대방이 나한테 얼마만큼 확신이 생겼구나 싶을 때요. 그게 너무 느려서도 빨라서도 안 되겠죠. 사랑의 시점을 맞춘다는 게 원래 어려운 거니까 너무 조바심만 내지 않으시면 될 것 같아요. 상대방만큼이나 본인 마음에 대한 확신도 중요하고요. 이때다 싶은 상황이 생긴다면 주저 없이 말하세요. 아주 많이 좋아한다고.

너무 잘해줘서 부담스러웠대요. 그만큼 절 좋아하지 않았던 거겠죠? 너무 미워요. 그냥 이게 트라우마가 돼서 앞으로도 사랑 못 받으면 어떡하나 밤새 걱정해요. 걔가 잘 지내는 거 보면 화가 나고요. 어떡해야 할까요?

잘해주는 것을 몰라주는 사람은 아니었나봐요. 잘해주는 게 부담스러웠다고 하니까. 사랑받을 자격이 없는 사람이네요. 그런 사람 때문에 아파하고 있지 말아요. 트라우마라는 게 극복되지 않을 것 같으면서도 어느 순간 그 트라우마마저 극복하게 하는 사람이 찾아오더라고요. 그런 사람이라면 한 번 더 믿고 사랑에 빠져볼 만 하잖아요. 세상사람 모두가 내 편이 될 수는 없으니까 내 편이 아닌 사람 하나 떠나보냈다고 생각해봐요.

오히려 다행인지도 몰라요. 당신이 사랑한 사람은 당신을 그만큼 사랑해주지는 않았지만 잘해주는 걸 당연하게 생각하고 당신을 이용하려는 사람은 아니었으니까. 세상에서 제일 나쁜 게 희망 고문이에요. 적당한 타이밍에 끊어주는 게 배려였구나 싶은 시점이 올지도 몰라요. 지금 당장은 힘든 게 당연하고 다시는 사랑받지 못하면 어쩌나 싶은 것도 당연한 거지만, 본인 자존감 깎아 먹지 말고 아낌없이 주는 사랑에 감사할 줄 아는 사람을 찾으세요. 지나간 사랑에 아파하기에는 당신 마음속에 남아 있는 감정들이 너무 아까워요.

첫사랑은 정말 이루어질 수 없는 걸까요?

첫사랑이라는 게 사람마다 기준이 다른 거 같아요. 어떤 사람은 가장 먼저 사랑이라는 감정을 느끼게 해준 사람이라고 하고, 어떤 사람은 가장 많이 사랑했던 사람을 첫사랑이라고도 해요. 저는 후자에 가까워요. 가장 많이 사랑했던 사람이 첫사랑이 되는 거 같아요. 여태껏 느꼈던 사랑보다 더 큰 사랑이 있다면 그걸 느끼게 해준 사람이 첫사랑이라 생각해요. 그래서 저는 이루어질 수 있다고 생각해요. 물론 첫사랑의 기준을 떠나서도 모든 첫사랑은 이루어질 수 있다고 생각해요. 다만 모든 상황이 낯설고 서툴러서 어렵게 느껴질 뿐이지요. 혹여나 이루어지지 않는다고 한들 첫사랑은 언제 들어도 설레는 말이잖아요. 사람이 기억되는 게 아니라 그때가 기억되는 소중한 시간일 거예요.

사랑은 이루어지고, 이루어지지 않는 것이 문제가 아니라 내 마음이 어떠냐가 더 중요한 것 같아요. 만약 내가 첫사랑이라고 생각하는 그 사람이 나를 사랑하지 않아서 내가 아프게 된다고 해도 그게 그렇게 대수인가요. 나는 그 사람이 변함없이 소중할 텐데. 결과가 좋지 않더라도 그 과정 속에 내가 조금이라도 가치를 가질 만한 것이 있었다면 저는 그것으로 되었다고 생각해요. 정말 내가 진심이라면 언젠가 그 사람에게도 전해질 날이 있겠죠. 사랑이 이루어짐은 언제나 기적이니까.

혼자 하는 연애에 대해 충고해주신다면? (ex. 짝사랑)

무슨 충고를 해도 들리지 않을 거예요. 시간이 지나면 아픈 추억으로 남게 될 테고. 그런데 그 아픈 추억도 시간이 지나면 소중한 추억이 돼요. 누군가를 사랑한 기억이 인생을 살아가는 데 정말 큰 힘이 되어줄 거예요. 어차피 이루어지지 않을 사랑이라는 거 알아도, 하고 싶은 대로 전부 다 해보셨으면 좋겠어요. 표현이든 뭐든요. 아무리 혼자 하는 연애라도 사랑은 사랑이니까요.

누구나 한 번쯤은 해보겠죠. 짝사랑 같은 거. 근데 저는 그런 경험이 있는 사람이 다른 사람보다 사랑을 더 잘할 수 있다고 생각해요. 얼마나 힘들어요. 그 사람은 내가 좋아하는지도 모르는데 혼자 마음 졸이는 게. 그래도 할 때까지 해보세요. 마음껏 좋아도 해보고, 그 사람과의 미래도 꿈꿔보고, 그렇게 짝사랑과 짝사랑이 만나서 연인이라는 관계로 묶이는 기적도 경험해보고. 혹여 끝까지 이 감정이 혼자로 남더라도 누군가는 또다시 당신을 사랑할 것임을 잊지 마세요. 당신이 그 사람을 남몰래 마음에 품었던 것처럼 당신도 모르는 사이 사랑받고 있는지도 모르니까. 너무 걱정하지 말고 마음 편하게 지내자는 거예요. 그냥, 마음이 흘러가는 대로 사랑하자고요. 마음껏.

좋은 연애는 뭘까요. 좋은 연애의 의미를 아무리 생각해도 알 수 없어요.

평범한 연애. 다툼이 있어도 문제를 해결하려고 하는 연애. 사소한 것까지 서로를 배려해줄 수 있는 연애가 좋은 연애가 아닐까 싶어요. 하지만 편하다고 다 좋은 건 아니니까 서로를 믿어줘야 할 때는 한 걸음 물러서서 믿어주는 게 좋은 연애라고 생각해요.

좋은 연애는 각자의 영역을 존중해주는 거라고 생각해요. 아무리 가까운 거리에 있더라도 상대방의 고유의 영역이 있다는 것을 존중해주는 거. 가끔 그 사람이 그 공간 안에 들어가서 혼자만의 시간을 가지고 싶어 한다면 문 앞에서 "나 여기 있어. 그러니까 괜찮아." 하고 말해줄 수 있는 거. 필요할 때마다 주저 없이 손 잡아줄 수 있는 거. 간혹 둘 사이에 정적이 찾아오더라도 그 시간마저 사랑임을 의심하지 않게 하는 거. 그런 게 아닐까요?

아직도 모르겠어요. 먼저 연락을 하면 정말 빠른 답장이 와서 언제나 그 답장이 기다려지는데, 그렇다고 자주 연락이 오는 것도 아니에요. 마음을 닫아야지 하면 또 말을 걸어오는 그 사람 때문에 헷갈려요. 시도 때도 없이 장난을 걸어오는 그 사람이 정말 좋은데 헷갈리는 마음뿐이네요.

연락을 어떻게 하냐를 떠나서 확신을 주지 못하는 사람이라면 저는 아니라고 보는 입장이에요. 상대방을 조금이라도 생각하는 마음이 있으면 헷갈리게 하면 안 된다고 생각하기 때문에 그래요. 연락과 관심은 비례한다는 말이 있는데, 분명 틀린 말은 아니라고 생각해

요. 상대방을 헷갈리게 하는 사람이라면, 확신을 주지 못하는 사람이라면 그런 사람을 곁에 둔다고 한들 늘 같은 이유로 실망하고 혼자 아파하게 될 테니까요.

그냥 솔직하게 말해보는 건 어때요? 그 사람도 똑같이 생각하고 있을 수도 있잖아요. 혹여 아니라고 해도 지금처럼 상대방 마음을 몰라서 마음 졸일 일은 없겠죠. 나는 너한테 연락오는 게 참 좋은데 너는 어때, 라든가. 대놓고 좋아한다는 고백이 아니어도 호감을 표현할 수 있는 방법은 충분히 많으니까요. 아직 시작하지 않은 관계에서 확신까지 바라는 건 어쩌면 사치인지도 모르니까. 좋아하면 먼저 용기 내서 시작해보세요. 확률은 반반인데 손해볼 거 없잖아요.

헤어지게 된 지 얼마 지나지도 않았는데 이미 그 사람 곁에는 새로운 인연이 생겼어요. 어떻게 그럴 수가 있죠? 저를 정말 사랑하긴 했던 걸까요?

이별은 이별일 뿐이에요. 그래서 저는 그럴 수 있다고 생각해요. 예전에 한 텔레비전 프로그램에서 먹는데 20분이 걸린 밥도 8시간이 지나야 소화가 된다는데 몇 개월을 만난 사람을 어떻게 하루 이틀 만

에 잊을 수 있냐는 말을 하더라고요. 하지만 저는 개개인의 차이라고 생각해요. 소화가 잘 되는 사람이 있고, 소화가 잘 안 되는 사람이 있는 것처럼 말이에요. 그냥 그 사람은 사람을 잊는 게 쉬운 사람이었다고 생각해요. 소화가 잘 되는 사람처럼 말이죠. 그리고 이별을 고했을 때는 이미 상대방에 대한 사랑이 사라져갈 때쯤이었을 테니까. 마음은 남아 있어도 사랑은 남아 있지 않았을 테니 더 쉬웠을지도 몰라요.

헤어진 지 얼마 지나지 않은 사람이 새 사람을 사랑하게 되었다는 걸 인정하기 싫은 건 당연한 거예요. 그 사람도 예의가 없었던 게 맞고요. 개인적으로 저는 한 달 정도는 쉬는 기간이 있어야 한다고 생각하지만, 괜찮은 사람이 한 달 안에 나타난다면 그 사람이라고 어떤 방법이 있었을까요. 지나간 인연에 괜한 감정 소비하지 마세요. 사랑했던 순간은 그냥 그 자체에 의미를 두고, 나는 나대로 새로 시작하는 게 좋아요.

언젠가는 헤어지는데, 언젠가는 이 순간들을 후회할지도 모르는데, 모두에게 비밀로 하는 이 연애가 의미가 있는 걸까요?

연애는 둘이서 하는 거잖아요. 굳이 비밀로 할 필요는 없지만, 굳이 알려야 할 필요도 없는 거라고 생각해요. 둘만의 세상에 제삼자는 필요 없으니 말이에요. 연애의 의미는 남에게 보여주는 데 있는 게 아니라서 둘만 행복할 수 있다면 어떤 것도 필요 없다고 생각해요. 그런 것에 꼭 의미를 부여하는 연애가 아니길 바랄게요. 언젠가 헤어지더라도 소중한 추억으로 남아 있을 수 있으니까요.

연애에 의미를 만드는 건 두 사람이죠. 다른 사람에게 자랑하고 싶고, 우리 사랑하고 있어요 하고 티내고 싶은 마음은 알겠지만 비밀이라고 해도 두 사람의 마음만 진실이라면 저는 문제없다고 생각해요. 사실 반대로 생각하면 언젠가는 헤어지고 언젠가는 이 순간들을 후회할지도 모르는데 다른 사람들 다 알게 연애하는 게 오히려 더 문제일지도 몰라요. 사랑은 사랑 그 자체로만 생각하세요. 오히려 사소한 것에 커다란 의미가 생길지도 몰라요.

왜 항상 헤어짐이라는 말에 모든 걸 정리하려는 걸까요?

헤어지자고 하는 쪽은 이미 마음 정리가 되어 있으니까 헤어짐이라는 말에 모든 게 정리되는 거겠죠. 상대방이 어떻든 이미 내 마음은 떠나버렸으니까, 이미 헤어짐이라는 말에 모든 게 정리가 될 만큼 정리가 끝난 상태일 테니까요.

그러게요. 헤어짐이라는 말에 많은 것들은 정리되지 못하고 남아 있는데 나와 그 사람만 달라진다는 게 사실 웃기죠. 하지만 헤어짐이 정말 끝을 말하는 거라면 모든 걸 정리하지 않는 게 더 바보 같은 거 아닐까요. 그 사람과의 추억에 갇혀 평생을 사느니 전부 정리하고 새 시작을 하는 게 현명하다고 생각해요. 하나도 빠짐없이 다 잊지는 못하겠지만, 추억은 추억 나름대로의 힘을 가지게 되겠지만, 그게 현재까지 계속 이어지면 안 되죠. 헤어짐이라는 말 앞에 모든 걸 정리하게 되는 건 어쩌면 내가 살기 위해서예요. 정말 단호해서가 아니라. 정말 아무렇지 않아서가 아니라. 그냥 당신 없이도 나는 살아야 하니까.

SEND A MESSAGE

연애하는 이유가 뭘까요?

글쎄요. 여러 가지 이유가 있겠지만, 저는 연애를 통해 상대방뿐만 아니라 자기 자신도 더 성장해나갈 수 있다고 생각해요. 마음의 거리가 가장 가까운 사람과 사랑하고, 싸우고, 울고, 많은 것들을 함께 해가면서 이런 부분은 내가 고칠 필요가 있다는 것을 느끼고 그것을 조금씩 개선해나가는 거죠. 정말 힘든 연애를 했더라도 그게 나중에는 전부 인생의 교훈처럼 느껴질 때도 있을 거예요. 물론 당장은 힘들겠지만. 그러나 연애를 하는 가장 근본적인 이유는 아마 이거겠죠. 사랑. 그 단어만큼 이 모든 것들을 더 잘 표현할 수 있는 말이 있을까요?

연애하는데 이유가 필요할까요. 그냥 좋으니까 하는 거잖아요. 딱히 특별한 이유가 없어도 함께한다는 것만으로도 충분한 이유가 되지 않을까요? 내가 좋아하는 사람에게 사랑을 줄 수 있고 내가 좋아하는 사람에게 사랑받을 수 있다면 그것만큼 큰 행복은 없을 거예요. 행복을 싫어하는 사람은 없으니까. 누구나 행복해지고 싶어 하니까. 그 행복을 찾는 가장 간단하면서도 복잡한 방법이 연애라고 생각해요.

보고 싶은 사람을 다시는 못 볼 때는 어떻게 해야 하나요?

본인이 할 수 있는 최선의 노력은 해보아야겠죠. 연락을 해본다거나, 그 사람이 갈 만한 곳에 찾아가본다거나. 하지만 대부분 이런 질문을 하는 사람은 그걸 실행할 만한 용기가 없거나 염치가 없거나 둘 중에 하나겠죠. 하지만 가만히 있는다고 달라지는 건 없을 것 같아요. 정 염치가 없고 그 사람이 내가 보고 싶어 하는 걸 바라지 않을 것 같다고 생각한다면 놓아주어야겠죠. 그 사람을 위해서라도. 하지만 그게 아니라면 말하세요. 나 당신이 참 많이 보고 싶다고.

저는 그런 게 있어요. 보고 싶은 사람인데 볼 수 없을 땐 편지를 쓰는 습관이 있어요. 언젠가 다시 만날 날을 위해서가 아니라 지금 당장 보고 싶은 마음을 조금이나마 위로하기 위해서요. 볼 수 없는 사람을 보고 싶어 하는 건 욕심이니까. 내 욕심 때문에 그 사람을 힘들게 하고 싶지는 않으니까요. 혹시 기적이 일어나서 그 사람을 다시 한 번 보게 되는 날이 오기 전까지는 참아요. 분명 참을 수 없을 때도 있었어요. 그럴 땐 그냥 무작정 마음 가는 대로 해봐요. 저도 그랬으니까요. 하지만 항상 후폭풍은 본인에게 온다는 거 잊지 마세요. 그게 더 아프다는 것도요.

헤어지고 다시 만나는 연인들에 대해 긍정적인 의견과 부정적인 의견, 그리고 개인적으로 조언해주고 싶은 방향에 대해 궁금해요.

먼저 긍정적인 것부터 말해보자면 헤어지고 다시 만난다는 건 아직 서로에 대한 마음이 남아 있다는 거니까 그 마음이 전부 소멸될 때까지 상대방을 사랑해야 할 의무가 있다고 생각해요. 그리고 한 번 만났던 사람을 다시 만난다는 게 다른 사람을 만나는 것보다 편안하고 익숙할 수 있겠죠. 새 사람을 알아가는 시간이 더 필요하지는 않을 테니까요. 부정적인 것을 말해보자면 사실 이건 두 사람이 다시 만나서 어떤 노력을 하느냐에 따라 그렇다, 아니다가 달린 문제예요. 흔히들 말하는 거 있잖아요. 어차피 똑같은 문제로 헤어진다는 거. 저도 그런 연인들을 많이 보기도 했고 대체로 맞는 것 같다고 생각도 해봤지만 모든 문제에는 예외가 있고, 다시 만나는 연인들은 본인들이 그 예외에 포함되리라는 기대로 만나는 것이기 때문에 그런 가설은 사실 아무 소용이 없을 것 같아요. 다만 제가 부정적이게 생각하는 것은 이런 거죠. 누가 보아도 내 감정 소모가 더 심하고, 상대방은 나를 위해주지 않는데 나만 맞춰주고 있을 때. 그런데도 내가 너무 사랑해서 그 사람을 붙잡고 또 붙잡아서 그 사람 껍데기만 쥐고 있을 때. 그런 만남은 굳이 지속하지 않았으면 좋겠어요. 내가 불쌍하잖아요. 충분히 사랑받을 만한 사람인데. 저도 만인의 연애를 통찰할 수 있는 사람은 아니지만 어떤 식이든 본인의 행복을 위한 연애를 하세요. 물론 상대방에 대한 존중을 전제로 한.

저는 헤어지고 다시 만나는 것에 대해서 부정적으로 생각하는 사람이에요. 그래서 긍정적인 이야기를 하기는 어려울 거 같아요. 무작정 안 된다, 안 좋다가 아니라 최대한 그러지 않았으면 해요. 분명 저도 헤어지고도 사랑이 남아 있는 상태라면 다시 시작해보고 싶을 거예요. 하지만 참으려고 해요. 분명 또 같은 이유로 우리에게 이별이 찾아올 테니까. 그게 아니라면 더 아픈 이유가 생겨버릴 테니까요. 사랑하면 애초에 헤어지자는 말을 꺼내지를 말았어야지, 아무리 힘들어도 참고 견뎌냈어야죠. 제가 서로를 위해 참고 견뎌낼 수 있는 것들이 많아지는 게 사랑이라고 생각하는 사람이라서 그런가봐요. 어쨌든 이 모든 대답은 단지 개인의 생각일 뿐이에요. 연애는 둘이 하는 거니까 제삼자의 충고나 조언 같은 건 사실상 필요하지 않아요. 둘만 행복하다면 그것으로 되는 거니까요.

언제쯤 진짜로 제가 먼저 좋아하는 사람이 생길까요?

사실 저는 되레 묻고 싶어요. 사람을 먼저 좋아해야만 하는 법이 있나요? 상대방이 나를 사랑해서 그 사람이 서서히 좋아지는 것도 충분히 사랑에 포함되어 있는데, 내 마음이 먼저 어떤 특정한 대상에 향하지 않는다고 조바심을 낼 필요는 없어요. 물론 첫눈에 사랑에 빠진다거나 하는 낭만적인 일들은 누구나 꿈꾸는 것이지만, 그때가 정해져 있을 리는 없죠. 그냥 정말 갑자기 어느 순간에, 나도 모르는 사이에 내 존재를 전부 집어삼켜버리는 게 사랑이니까.

누군가를 먼저 사랑하는 게 서툰 사람일 수도 있죠. 너무 사랑스러운 사람이라서 누구든 본인에게 사랑을 주기만 하니까 먼저 사랑을 주는 방법이 서툴 수도 있어요. 사람 마음이라는 게 마음대로 되는 게 아니니까 언제쯤 누구를 먼저 좋아할 수 있다, 없다는 대답 못 드려요. 누가 먼저 마음을 주는 게 뭐가 중요한가요. 어느 한쪽이든 먼저 마음을 줘야 하니까. 내게 마음을 준 사람을 내가 좋아하게 된다면 얼마나 큰 행복이에요. 그러니 걱정하지 마세요.

큰 걸 바라지 않겠다 다짐해놓고 더 많은 걸 원하게 돼요.

더 많은 걸 원하게 되는 게 왜 잘못일까요? 그걸 상대방에게 요구하고 그 문제로 자꾸만 그 사람을 힘들게 만든다면 잘못이 될 수 있겠지만요. 기대가 커진다는 건 내 마음에 그 사람의 구역이 커졌다는 거예요. 내가 이만큼 해주었으니까 이만큼 받아야 해, 라는 마음일 수도 있겠지만. 사실 그것도 내가 해줬는데 받고 싶어 하는 게 뭐 어때서요. 괜찮아요. 그냥 그 기대가 자꾸만 자신을 갉아먹지만 않게 하세요. 속상해하지 않았으면 좋겠어요.

더 큰 걸 바라셨으면 좋겠어요. 더 많은 걸 원하셨으면 좋겠어요. 그 사람을 힘들게 만들지만 않는다면요. 사랑은 사소한 것에서 시작되어 그게 쌓이고 쌓여서 커지는 거예요. 이미 커질 대로 커져버린 마음은 처음 받았던 사랑으로는 채워지지 않아요. 대신 받은 만큼 돌려주는 것을 잊지 마세요.

항상 한쪽에 남아 있는 사람이 있는 것 같아요. 다른 사람을 만나도 100% 집중할 수 없게 하는.

첫사랑 같은 거죠. 다른 모든 사랑의 기준이 되는 그런 거. 무슨 마음인지도 알고, 이러지 말아야지 한다고 바로 바뀌는 게 아니라는 것도 알아요. 사실 시간이 지나고 그보다 큰 영역을 차지할 수 있는 사람이 찾아오면 그 자리는 충분히 가려질 수 있어요. 하늘에 달은 항상 떠 있는데도 해가 뜨면 그 모습이 보이지 않는 것처럼. 우리가 할 수 있는 건 그때를 기다리는 것뿐이겠죠.

누구를 사랑하든 가끔은 생각나는 사람이 있을 수 있고 가끔은 지금 내 곁에 있는 사람이 미워질 때도 있을 거예요. 그렇다고 내 옆에 있는 사람이 마음속에 없는 게 아니잖아요. 지난 인연은 마음속에 있는 게 아니라 추억 속에 있는 거고, 내 곁에 있는 사람은 내 마음속에 있는 거니까요. 모든 순간을 집중할 수 없다고 해도 그거 하나면 충분해요.

ACQUA PANNA
ACQUA PANNA

연애할 때 나이는 숫자에 불과하다고 하는데 맞을까요?

저는 나이대가 비슷한 사람들의 연애를 지향하는 입장이기는 하지만, 사랑에 있어 나이가 중요한 건 아닌 것 같아요. 제가 또래의 연애를 지향하는 건 그 나이대에 할 만한 것들을 이미 겪은 사람이 아니라 나와 똑같이 처음 겪는 사람과 그 시작을 함께하면 좋겠다, 라는 마음에서 시작된 것뿐이고요. 그렇지만 사랑에 대한 가치관이 제대로 성립되지 않은 상태에서 무작정 나이 차이가 많이 나는 사람을 만난다는 건 좀 문제일 수는 있겠네요.

당연하죠. 나이는 숫자에 불과해요. 분명 또래와 연애를 하는 것과 나이 차이가 많이 나는 사람과 연애를 하는 것에는 많은 차이가 있을 거예요. 주변에서 안 좋게 보는 시선도 있을 거고요. 그런데 그게 뭐 어때서요? 연애는 둘이서 하는 거잖아요. 타인의 시선이 두려워서 지금 내 곁에 있는 사람을 포기할 수 있다면 그건 사랑이 아니에요. 정말 예쁜 사랑을 할 수 있다면 그걸로 된 거라고 생각해요.

책임감이 사랑과 연애에 어느 정도 연관이 있다고 생각하나요?

꽤 많은 부분이요. 그런 말 있잖아요. 연애는 여가 생활이 아니라고. 저는 상대방에게 충분한 감정과 시간을 소비하지 않는다면 그건 건강한 연애라고 할 수 없다는 입장이에요. 물론 본인들이 하는 일과 개인 시간을 소중히 하지 말라는 것은 아니고요. 그냥 바쁠 때 말고 그 외의 시간에라도 그 사람을 한 번 더 들여다보는 게 어쩌면 책임감이라는 말과 맞물려 있는 게 아닐까 해서요. 사랑한다면 당연하게 나와야 할 행동인 것도 같지만 혹시 그렇게 생각하지 않는 사람이라면 본인이 책임감을 가지고서라도 어느 정도는 신경을 써야 하는 것 같아요. 그게 상대방에 대한 존중이라고 생각해요.

당연히 관련이 많을 수밖에 없죠. 그런데 이 많은 것들을 뭐라고 설명하기가 참 어렵네요. 사랑하는 사이라면 서로가 서로에게 가장 큰 책임감을 갖고 있어야 하는 사이예요. 서로를 믿는 믿음 하나로 여기까지 온 사람들이니까요. 그런데 한 가지 명심할 건 연락은 책임감이라는 명목으로 하면 안 되는 거예요. 많은 연인들이 이 사소한 연락이라는 문제 때문에 다투게 되더라고요. 연락은 책임감을 가지고 하는 게 아니라 시간을 만들어서라도 하고 싶어서 하는 거예요.

그여자
그남자
OPERATOR
LOCAL CALLS
DO NOT
5¢

몇 번을 만나고 헤어지고 했는데 미련이 남아요. 잡아야 하나요?

좋은 사람은 아닐지언정 좋아하는 사람이니까 미련을 갖게 되는 거겠죠. 몇 번을 헤어졌어도 몇 번이라도 그 아픈 시간을 견딜 수 있을 만큼 좋아하는 사람이니까, 사랑하는 사람이니까 그렇게 되는 거예요. 미련을 충족시킬 수 있을 때 미련 없이 사랑하세요.

제가 만 명한테 연애에 대한 질문을 하라고 하면 그중에 오천 명은 이런 질문을 하더군요. 그만큼 헤어지고 나서 힘들고 미련이 남는 건 누구나 똑같다는 거예요. 그래서 저는 항상 이렇게 대답해요. 해볼 때까지 해보고 헤어지라고. 그러면 다시 만나서 후회하면 어떡해요, 더 안 좋게 끝나면 어떡해요, 이렇게들 말씀하시는데, 정말 안 좋은 결말이 예정되어 있더라도 또 한 번 그 게임에 달려들고 싶다면 주변에서 아무리 말려도 그 사람 마음은 안 바뀌어요. 자기 마음은 자기 자신만 잡아줄 수 있는 거니까. 그게 내 현재의 최선이다 싶으면 그렇게 하세요. 미래에 어떤 일이 생긴다면 미래에 맞는 최선을 찾으면 되는 거니까. 다만 한 가지는 생각하세요. 내가 가지고 있는 미련이 처음 그 사람을 만났을 때 행복했던 나에 대한 것인지, 그 사람에 대한 것인지. 나에 대한 거라면 시간이 흐른 뒤 또 다른 사람을 사랑하게 되는 게 더 나을 거거든요. 이미 색이 바랜 건 닦아놓아도 똑같아질 수는 없으니까.

연애를 전제로 상대방을 알아갈 때 제일 중요한 3가지가 있다면 무엇인가요?

1. 이 사람이 나와 비슷한 가치관을 가지고 있는가. 또는 가치관이 같지 않더라도 그것을 존중해줄 수 있는 사람인가.(다름과 틀림의 차이를 아는 사람인가.)
2. 함께 있을 때 내 자신에 대해 솔직해질 수 있는 사람인가.
3. 본인 인생의 우선순위 중 세 손가락 안에 사랑을 꼽을 수 있는 사람인가.

1. 가치관.(새벽 세시와 같은 생각이에요.)
2. 그 사람의 주변인을 봐요. 워낙 유명한 말이죠. 친구를 보면 그 사람이 어떤 사람인지 알 수 있다는 말.
3. 중요시하는 건 아닌데, 알 수 있다면 전 연인에 대해 알아보는 편이에요. 물론 상대방의 기분이 나쁠 것 같다면 그러지는 않지만요. 이 사람이 전 연인과 어떤 사랑을 했고 어떤 아픔이 있는 사람인지 알고 싶거든요. 아프지 않게, 더 사랑해줄 수 있으니까요.

사랑에 타이밍이란 없는 것 같아요. 모든 일에, 모든 것에 그럴 만한 타이밍이란 없어요. 그저 그럴 운명이었던 거예요. 무언가를 느끼고 타이밍 잘 맞췄다 호탕하게 말하는 순간까지도 그렇게 될 운명이었던 거예요.

운명에 사랑을 전부 맡기지 않았으면 좋겠어요. 분명 그렇게 될 운명이라는 게 존재하고, 사랑에는 타이밍이라는 게 존재해요. 운명을 믿어야 할 때는 운명을 믿어야 하고 타이밍을 좋게 잘 맞춰야 할 때는 잘 맞춰봐야 하는 거예요. 가끔은 운명에 모든 걸 걸어야 할 때도 있고, 타이밍에 모든 걸 걸어야 할 때도 있어요. 그러니 운명이라는 핑계로 놓쳐버린 타이밍을 덮으려 하지 마세요. 사랑에는 운명이든, 타이밍이든 뭐든지 필요해요.

저도 운명을 믿는 사람이지만 모든 것이 그렇게 정해져 있는 것이라고 생각하지는 않아요. 내 스스로 무언가를 바꿀 수 없다면 조금 억울할 것 같아서요. 사랑에 타이밍이라는 건 사실 용기에 달린 거잖아요. 내가 좋아하는 사람에게 좋아한다고 말을 할 수 있는 용기. 그렇게 눈 꾹 감고 용기 낼 수 있는 상황까지 운명으로 정해져 있는 것 같지는 않아요. 인연과 운명이라는 건 그냥 그 사람을 만나게 한 순간

딱 거기까지고, 나머지는 내게 달려 있는 거죠. 그런 의미에서 저는 타이밍이라는 건 있는 것 같아요. 정해진 각본대로 살고 싶지 않아요.

순수하게 그 사람을 좋아한다는 건 뭘까요?

순수하게 좋아한다는 건 연인 관계나 어떤 관계로 맺어진 상태에서는 조금 어려울 수 있고, 그냥 사람 자체를 좋아할 때 가장 잘 성립될 수 있는 것 같아요. 예를 들면 나는 너를 좋아해. 네가 어떤 모습을 하고 있어도 상관없어. 나한테 말 걸어주지 않아도 괜찮고 나와 어떤 무언가로 엮이지 않아도 괜찮아. 그냥 나는 네가 어디에서나 사랑받는 사람이었으면 좋겠어. 왜냐하면 내가 너를 좋아하니까. 근데 이건 좋아한다는 감정이 사랑까지는 도달하지 않았기 때문에 가능한 게 아닐까요. 순수하게 사랑한다는 건 쉽지 않죠. 어떻게든 그 사람을 갖고 싶을 테니까.

행복할 때도 있고 슬플 때도 있는 거요. 다툼과 헤어짐을 연관 짓지 않는 것. 다투더라도 서로에 대한 마음은 변하지 않는 게 순수하게 좋아한다는 게 아닐까요. 그리고 순수하게 그 사람을 좋아하는 게 뭘까 생각하는 그 자체가 순수하게 그 사람을 좋아한다는 거 아닐까요. 사랑에서 나오는 순수함이 만들어낸 질문이라고 생각해요.

짝사랑을 하는데 타이밍과 자존감이 도와주질 않아요.

타이밍은 어떻게 할 수 없는 건데, 자존감은 본인이 노력하면 완전하게는 아니어도 조금은 달라질 수 있는 부분이에요. 자기 자신을 위한 시간을 써보세요. 어디 혼자 여행을 가본다거나 배우고 싶었던 것을 배워본다거나. 운동도 하고, 친구들도 많이 만나고요. 밤마다 굉장히 사소한 것들에 대한 감사들을 일기장에 적어보세요. 예를 들면 오늘은 날씨가 좋아서 너무 감사했다. 이런 것들이요. 내 자신을 사랑하는 사람에게 좋은 기운이 드는 거라고 해요. 타이밍은 어쩌면 그때 보너스처럼 생길지도 모르겠어요. 힘을 내보아요! 충분히 멋진 사람이니까.

짝사랑은 타이밍만으로 이뤄지기는 어려워요. 물론 자존감도 있어야 하고, 무엇보다 용기가 있어야 할 거 같아요. 자기를 사랑하는 것도 서툰데 누군가를 사랑하는 건 더 서툴 테니까 자기 자신부터 사랑하는 연습을 하세요. 그 사랑 그대로 사랑하는 사람에게 전해줄 수 있는 용기까지 키워야죠. 내 곁에 두고 싶은 사람이 있다면 내가 변해야죠. 내가 용기 내야죠.

언제 헤어져야 하는 걸까요. 이게 헤어져야 하는 상황인지 아닌지 잘 모를 땐 어떻게 해야 하나요?

헤어져야 할 타이밍이 정해져 있는 건 아니지만, 이런 생각을 하고 있는 지금부터 이미 이별은 시작된 것일지도 모르겠어요. 마냥 행복한 연애라는 것은 없다지만 매일 헤어짐을 고민하는 연애가 정말 연애일까 하는 고민 때문에 가까이에 있는 행복도 놓치고 있는 것이 아닌지. 이 사람과 헤어지는 게 힘들까, 헤어지지 않는 게 힘들까 고민해보시고, 조금 이기적이더라도 본인 마음이 향하는 대로 하세요. 상대방을 위해 나를 버려둘 필요는 없어요.

그런 생각을 하고 있다는 게 이미 헤어질 생각을 하고 있다는 거 같아요. 헤어짐을 기다리는 것보다는 차라리 헤어질 준비를 하는 게 좋을 거 같아요. 너무 극단적이라고 할 수도 있어요. 그만큼 헤어짐이라는 단어는 쉽게 상상조차 해서는 안 되는 단어예요. 어차피 마음 가는 대로 하게 되겠지만요. 정말 헤어질 게 아니라면 그런 생각은 하지 않았으면 좋겠어요.

연애를 안 할 때는 연애를 하고 싶은데, 막상 하면 연애보다 중요한 것에 신경을 더 많이 쓰게 되는 것 같아요.

본인과 똑같은 사람을 만나는 게 가장 편하겠지만 그게 쉽지는 않겠죠. 사실 어떤 연애는 각자 일에 집중하면서 둘이 시간이 맞을 때만 만나고도 행복하게 지속되기도 해요. 하지만 두 사람의 사랑 방식이 다르다면 한쪽만 힘들어지는 건데. 그렇게 본인 편한 대로만 하고 살 수는 없겠죠. 어떻게 보면 그게 참 이기적인 거지만 그래도 외롭다는 감정은 어쩔 수가 없는 거거든요. 사람의 본능 같은 거라. 그냥 아직 연애를 하는 방법을 잘 모른다거나, 그게 아니라면 적합한 타이밍이 오지 않았기 때문이라고 생각해요. 꼭 연애가 모든 것의 우위에 있어야 한다는 것은 아니지만, 정말 모든 것을 잊을 만큼 중요해지는 시기가 올 수도 있는 거니까.

서로를 이해해주고 가치관이 비슷한 사람이라면 좋겠네요. 그게 아니더라도 한 번쯤은 더 큰 것을 위해 다른 일은 잠시 접어뒀으면 좋겠어요. 분명 지금 내게 연애보다 더 중요하고 가치 있는 일이 있을 수 있지만 그래도 사랑하는 사람이 곁에 있다면 얼마나 좋겠어요. 얼마나 큰 힘이 되겠어요. 내 곁에 마음이 통하는 친구 하나만 있어도 살아지는데, 사랑하는 사람이 곁에 있으면 오죽하겠어요.

사랑 없는 삶은 결국엔 불행일까요?

사람마다 다른 게 아닐까 싶어요. 누군가는 사랑 때문에 불행해질 수도 있는 거니까. 하지만 사랑 때문에 불행해진 사람도 또다시 사랑 때문에 행복해질 수 있어요. 그건 아무도 모르는 거죠. 사랑이라는 감정이 꼭 연인과의 관계를 뜻하는 건 아니잖아요. 세상 어떤 것들도 마음으로 감싸 안을 수 있는 건데. 그 모든 애틋함을 잃게 된다면 당연히 속이 허한 느낌이 들지 않을까요. 사실 사랑이라는 감정 자체를 모른다면 그다지 불행하지 않을 것도 같아요. 그 사람한테는 원래 그런 세상이었고 다를 게 없으니까. 하지만 한 번이라도 그 감정을 경험해본 사람에게는 별수 없이 상실감이 큰 문제겠죠. 아닌가요?

삶의 행복을 찾는 건 개인의 몫이라고 생각해요. 그래서 단정 지어 말할 수는 없는 것 같아요. 사람마다 삶에서 사랑이 차지하는 크기가 다르니까요. 다만 이거 하나는 확실해요. 사랑이 있다면 사랑이 행복일 수도 있고, 불행으로 돌아올 수도 있어요. 겪어보기 전까지는 모른다는 뜻이에요. 그리고 사랑 없는 삶은 불행이 아니라 건강하지 못한 삶이라는 표현이 더 어울릴 거 같네요.

연애하고 있는 상대방을 좋아하지도 싫어하지도 않게 된 것 같아요. 어떻게 해야 할까요?

상대방에게 익숙해지면 흔히 일어나는 일이에요. 쉽게 말해 권태기라고들 하죠. 권태기를 극복하느냐, 극복하지 않느냐는 본인의 선택에 달려 있어요. 사실 그 상황에서는 헤어지더라도 큰 감정 소비가 되지 않거든요. 감정적으로 메말라 있는 시기이기 때문에. 물론 후폭풍이 오면 그보다 배로 아플 수는 있겠지만 후폭풍도 모든 사람이 경험하는 건 아니니까요. 일단 시간을 가져보세요. 이 사람이 나한테 어떤 사람인지 본인 스스로도 다시 한 번 인지할 시간이 필요한 것 같아요. 그 사람이 내게 해주는 많은 것들을 너무 당연하게 생각한 것은 아닌지, 나는 얼마만큼 최선이었는지 등을 돌아보는 시간을 가지는 거죠. 결정은 그때 해도 늦지 않아요. 섣불리 행동하면 오히려 후회할 가능성이 높거든요.

확실해질 때까지 섣부르게 판단하지 않으셨으면 좋겠어요. 그냥 쉽게 권태기라고 표현하는 게 가장 옳은 표현인 거 같아요. 연인 사이에서 누구나, 언젠가 한 번쯤은 겪게 되는 시기잖아요. 권태기가 왔다고 해서 전부 헤어지는 것도 아니잖아요. 그러니 이 시기를 잘 이겨내 봐요. 더 행복한 꽃길이 펼쳐질 수도 있으니까요.

연애를 하면서 남자 친구가 여자 친구한테 하는 애정 표현이나 관심을 가지는 정도가 연애 초기보다 좀 소홀해지고 줄어드는 건 어쩔 수 없다고 생각하나요?

이게 꼭 남자가 변하는 문제라기보다 시간이 지나고 한쪽이 변하는 걸 어쩔 수 없다고 생각하는 것에 대해 어떤 입장이냐는 말씀이시겠죠? 솔직히 한결같은 사람을 찾는 게 어려운 것 같긴 해요. 익숙함에 속아 소중함을 잃는다는 게 너무 당연시되는 것 같기도 하고. 저도 그런 면에서 관계라는 게 너무 어렵다는 생각을 하고 사는 사람 중 하나입니다만, 그건 어쩔 수 없는 게 아니라 자신이 변한 걸 인지했다면 조금이라도 노력을 해야 할 문제인 것 같아요. 어쩔 수 없다는 건 그냥 그대로 두겠다는 말 아닌가요? 나는 이만큼 변했고 이게 당연한 거니까 이건 어쩔 수 없는 거니까 네가 이해해, 라고 말하는 건 너무 무책임하죠. 정도의 차이는 있더라도 상대방에 대한 존중과 노력을 포기하는 건 아닌 것 같습니다.

남자든 여자든 누구나 그럴 수 있어요. 시간이 지나면 애정 표현이나 관심이 줄어드는 건 누구나 그럴 수 있다는 거죠. 하지만 어쩔 수 없는 건 아니라고 봐요.

연인과 함께했던 시간들 중 가장 행복했던 시간으로 돌아갈 수 있다면 어떤 순간으로 돌아가고 싶은가요?

내가 이 사람을 사랑하는구나, 하고 깨달았던 순간이요. 조금도 특별하지 않았던 많은 것들이 전부 가슴 벅차게 다가오고, 이 세상이 나를 중심으로 돌아가고 있는 것 같은 황홀한 착각 속에 빠져 있던 그날의 공기 속에서 다시 한 번 그 사람과 사랑에 빠지고 싶네요.

어떤 순간이라도 돌아가고 싶어요. 함께했던 순간에는 어느 순간이라도 그 사람은 내 사람이었을 테니까. 내 곁에 있었던 시간이었을 테니까요. 그 사람과 가장 행복했던 시간은 언제라고 말할 것도 없이 '우리'라고 부를 수 있었던 모든 시간이었을 테니까요. 돌아갈 수만 있다면 언제가 되어도 좋겠어요. 설령 그게 우리가 헤어졌던 그날이 되어도 다시 한 번 그 사람을 볼 수 있음에 감사할 수 있을 것 같아요.

행복한 연애의 기준을 뭐라고 생각하세요?

상대방에 대한 믿음이 얼마나 강하냐에 달려 있는 것 같아요. 예를 들면 이 사람이 내가 없는 곳에서 무슨 말을 하고 어떤 행동을 해도 그것이 내 마음을 아프게 하지 않을 것이라는 확신을 가지는 거요. 불안하기만 한 연애는 끝내 행복해질 수 없을 것 같아서.

서로를 믿어주는 게 가장 행복한 연애를 할 수 있는 기준인 거 같아요. 모든 순간을 함께할 수는 없지만 모든 순간 서로를 믿어줄 수 있는 믿음이 있다면 행복한 연애를 할 수 있을 거예요. 무작정 믿어주는 믿음이 아니라 서로의 행동을 통해서 생긴 믿음이라면 더할 나위 없이 행복할 연애가 될 거예요.

늘 짧은 연애만 해왔어요. 상대가 날 좋아하면 내가 금방 식고, 내가 상대를 너무 좋아하면 상대가 그렇지 않고요. 이번에는 정말 오래 사귀고 싶은데 어떻게 하면 될까요?

내가 좋아하는 사람은 나를 좋아하지 않고, 나를 좋아하는 사람에겐 내가 마음이 가지 않고. 무슨 법칙처럼 흘러가는 상황이죠. 다들 한 번씩은 겪어봤을 거예요. 저도 마찬가지였고요. 그래서 누군가와 마음이 맞닿는 걸 기적이라고 표현하나봐요. 오래 사귈 수 있는 어떤 방법이 있는 게 아니라 그런 사람을 만날 수 있는 타이밍이 있는 것도 같고. 한 번 기다려보세요. 너와도 언젠가 헤어지겠지, 오래 만날 수 있을까 하는 걱정 같은 거 하지 말고. 시간이 흐르는 대로. 그냥 그렇게 두어요.

어떻게 하려고 하지 마세요. 오래 만날 연인들은 어떻게 해서든 오래 만나게 되더라고요. 무슨 일이 있어도 헤어지지 않을 연인이라면 헤어지지 않을 거라는 말이에요. 끝을 생각하기보다는 현재를 생각하는 연애를 해보세요. 당연히 헤어질 거니까 적당히 표현하고 적당히 사랑에 빠지는 게 아니라 이 사람이 아니면 안 될 것처럼 지금 내 곁에 있는 그 사람에게 모든 애정을 쏟아보세요.

다가오지도 않은 이별이 무서워서 정주는 게 두려워요.

이별은 그럴 때 더 빨리 찾아오는 거예요. 다가오지도 않은 이별이 두려워서 정을 주지도, 사랑을 주지도 못하는데 어떤 사람이 그 아픈 시간을 오랫동안 견뎌낼 수 있을까요? 그건 이별을 자초하고 있는 거예요. 사랑하는 사람과의 이별이 아무렇지 않은 사람은 없고 이별하고 싶은 사람 또한 없어요. 두려움이라는 게 쉽게 극복이 되는 감정은 아니겠지만 그래도 해야 해요. 그 사람이 좋은 만큼. 그 사람을 사랑하는 만큼.

세상에서 제일 바보 같은 게 아직 오지 않은 일을 걱정하는 거라고 하더라고요. 사랑을 하면 언젠가 이별이 찾아오는 건 당연해요. 그건 사람이 언젠가 죽게 된다는 거랑 다를 게 없죠. 하지만 모든 일은 다 현재가 가장 중요해요. 현재의 인생을 사세요. 지금 내가 가장 행복한 일을 지금 내가 가장 사랑하는 사람과. 두려워할 필요 없어요. 언젠가 아파지더라도 그 순간 행복했던 기억만으로도 충분히 살아낼 수 있을 테니까.